専門職教育質保証シリーズ

リカレント教育とその質保証

日本の生産性向上に貢献する
サービスビジネスとしての質保証

一般社団法人 専門職高等教育質保証機構／編

代表理事 川口昭彦・事務局長 江島夏実／著

ぎょうせい

まえがき

　デジタル化やグローバル化の進展などによって、社会を取り巻く環境は大きく変わり、産業構造や雇用などを含めた社会のあり方が大きく変化するとともに、人々の生活も劇的に変わりつつあります。この背景には、人工知能（Artificial Intelligence, AI）、モノのインターネット（Internet of Things, IoT）やロボットなどの技術革新が急速に進行している現実があります。これらは、単なる技術革新にとどまらず、社会のあり方にも革命的な変化を及ぼすことは確実です。

　これまでの歴史をみると、狩猟社会から農耕社会への革命、あるいは産業革命など一連の革命では、技術的な進歩や利便性の向上だけにとどまらず、社会の構造変化が起こっています。人類は、新しく産み出した道具や手法によって、それまでの制約から解放されて、能力を拡大して新しい文化を育んできました。農耕社会では「食糧生産」という能力を獲得し、工業社会では動力（エネルギー源）を得ることによって生産能力や移動能力が拡大しました。

　情報社会（20世後半から）では、通信網の整備や情報処理能力の向上によって、情報へのアクセスと処理の自由度が大幅に拡大し、デジタル革新につながっています。デジタル革新とは、デジタル技術とデータ活用によって、産業構造や雇用から個人の生活に至るまで、社会のあり方が劇的に変わることです。人間が行ってきた定型的な業務は、AIとロボットが代替・支援する時代に突入していますから、求められる人材像は大きく変わっています。AIやデータを駆使して、想像力や創造力を発揮して、より大きな価値を産み出すプロフェッ

ショナルを社会は渇望しています。高等教育には、変化の激しい社会を背負って立ち、新しい価値創造に貢献する人材の育成が期待されています。

　一般社団法人専門職高等教育質保証機構は、当初、一般社団法人ビューティビジネス評価機構として、文部科学大臣から専門職大学院のうちビューティビジネス分野の認証評価を行う認証評価機関として認証されました（2012年7月31日）。2014年には、専修学校（とくに、職業実践専門課程）教育の質保証事業への展開をめざして、法人名を変更し、第三者評価を実施しています。

　このような具体的な質保証事業だけではなく、わが国の職業教育に質保証文化の醸成・定着をめざして、専門学校質保証シリーズを発刊しました。第一巻では、職業教育の質保証の基本的な枠組、質保証に取り組むための考え方、手法、課題などについて解説しました（2015年11月）。2019年度より、実践的な職業教育を行う新たな高等教育機関として、専門職大学、専門職短期大学、専門職学科が創設されました。そこで、この第二巻では、シリーズ名を「専門職教育質保証シリーズ」と改称して、高等教育のリカレント教育に話題を絞り、その方向性と質保証について議論するとともに、文部科学省から受託してきた三事業（職業実践専門課程の質保証・向上につながる専修学校教職員資質能力向上プログラムの開発、学修成果の測定に向けた職業分野別コンピテンシー体系の研究および職業実践専門課程に相応しいポートレートシステムの要件定義）の成果をまとめます。

　2020年12月
一般社団法人専門職高等教育質保証機構
代表理事　川　口　昭　彦

目　次

第三部　教育はサービスビジネスである。ゆえに「質保証」は不可欠である。

※本書の《注》に掲げた各ウェブサイトの最終アクセス日は2021年1月5日

第一部

リカレント教育が
　求められる社会環境

　世界は、「大変革時代」ともいうべき時代を迎えています。科学技術の大幅な進展に加えて、情報通信技術（Information and Communications Technology, ICT）の急速な進化によって、情報、人、組織など、あらゆる「モノ」が、グローバル環境下で、瞬時に結びつき、相互に影響を及ぼし合う状況になっています。これによって、産業構造や技術分野などの既存の枠に囚われることなく、今まではなかった付加価値が産み出され、人々の働き方や価値観にも大きな変化が起こり、かつ多様化してきています。このような環境の下で、多様な知識・技術と人間のもっている能力を如何に活用するかが、国や組織の競争力をも左右するようになっています。

　世界的な規模で急速に広がるネットワーク化は、知識やスキル（訓練や経験などによって身につけた技能）の全てを個人や一つの組織だけで産み出すことを困難にしています。このため、新しい知識や価値の創出に多様な専門性をもつ人材が結集しチームとして協働的に挑戦することの必要性が高まっています。とりわけ、イノベーションを巡るグローバルな競争が激化する中で、組織外の知識や技術を積極的に取り込むオープンイノベーション（open innovation：自組織だけでなく、教育機関、地方自治体などを含めた他組織の異業種・分野がもつ技術やアイディア、サービス、データ、知識などを組み合わせて、革新的なビジネスモデル、研究成果、サービス・製品開発等に結びつけるイノベーションの方法論）が注目されています。科学研究の進め方についても同様で、オープンサイエンス（open science：研究者などの専門家だけでなく非専門家が、学術的研究の成果や発信される情報にアクセスしたり、研究活動に多様な方法で参加できるようにする運動）が世界的な潮流となりつつあります。すなわち、分野・国境を越えた研究成果の共有・相互利用によって、従来の枠組を超えた知識や価値の創出が求められています。

　あらゆる変化には危機（リスク）だけではなく好機（チャンス）が伴うことを認識する必要があります。変化を前向きに捉えて機会を活かすことこそが、より良い社会を創ることを可能にします。悲観的な態度からは、決して未来を切り拓くことはできません。

日本や世界が抱える課題は、ますます増えるとともに複雑化・多様化しています。このような変化は、相互に関連し合い、加速しながら進んでいます。知識や価値の創造プロセスは大きく変貌し、多様な分野で多様なプロフェッショナルを育成することが求められています。わが国は、少子高齢化や地域経済社会の疲弊などの課題を抱えています。このような課題に挑戦する人材養成として、リカレント教育の充実が必要とされています。

第1章

Society 5.0に向けた高等教育イノベーション

　Society 5.0は、第5期科学技術基本計画（2016〜2020年度）の提唱する未来社会の基本概念で、2050年頃の社会の"あるべき姿"を提示しています[1]。モノのインターネット（Internet of Things, IoT）によりサイバー空間（仮想空間）とフィジカル空間（現実空間）を高度に融合させたシステムにより、すべてのモノや情報、人を一つにつなぐとともに、人工知能（Artificial Intelligence, AI）等の活用により量と質の全体最適をはかる人間中心の社会（Society）を"Society 5.0"と定義しています（コラム1-1）。

コラム 1-1

Society 5.0の定義
　経済発展と社会課題の解決を両立させ、必要なモノ・サービスを、様々なニーズにきめ細かく対応して、あらゆる人が質の高いサービスを受けられ、**年齢、性別、地域、言語などの様々な相違を乗り越えて、互いに尊重し合い、一人一人が快適に活躍できる社会**

　日本では、少子高齢化や人生100年時代、大規模地震や火山噴火などの自然災害のリスク、安全保障環境の変化等へ適切に対応して、国土や社会機能の強靱性を高めることが求められています。世界に目を向けてみると、わが国のように少子高齢化の進む国がある一方で、人口は増加し続け、地球規模では食料や水資源等の不足が一層深刻さを増しており、新型コロナウイルスで記憶に新しい感染症の脅威、格差の拡大やテロの脅威、気候変動等の環境問題など、地球規模の課題が山積しています。また、世界経済の重心も、欧米から中国、インド、ASEANなどアジア諸国に動きつつあります。このように、地球環境や社会格差の問題が深刻となって、国連は「持続可能な開発

目標（SDGs）」を採択しました（2015年）。このような技術的変化や地政・経済学的変化などの大きな社会変動は、今後さらに顕在化し、加速していくことは疑いの余地がありません。

　国家間の相互依存関係が深まる中で、このような諸課題に対し、わが国が世界的な枠組にも積極的に貢献し、先進国の一員として、新興国や途上国の人々と共に国際社会の平和と発展に積極的に関与していくことが求められます。アジアの科学技術先進国である日本が、課題解決と経済成長とを同時に達成する経済・社会システムの構築に向けた取組を、わが国のもつ「知」を総合的に活用・推進し、世界に発信していくことが期待されています。

　世界規模で経済・社会が大きく変化する中で、新しい未来を切り拓き、国内外の諸課題に挑戦し解決していくためには、科学技術イノベーションを強力に推進していくことが不可欠です。その際、ある目的のために研究開発した成果が他の目的にも活用できることを念頭に置いて、ダイナミックなイノベーションプロセスの構築を図りながら、適切に成果の発信・活用を図っていくことが重要です。この科学技術イノベーションを担うのは「人」であり、科学技術イノベーション人材の質の向上と能力発揮が非常に重要になります。今や、山積している課題は、いずれも複合的な要素を含んでいますから、多様な分野で多様なプロフェッショナルを育成することが高等教育機関の責務です。本書では、このための高等教育イノベーション（学び方改革）を議論します。

第1節　2050年の社会（Society 5.0）

　Society 5.0とは、狩猟社会（Society 1.0）、農耕社会（Society 2.0）、工業社会（Society 3.0）、情報社会（Society 4.0）という人類が歩んできた社会に次いで、デジタル革新、イノベーションを最大限に利活用して実現する第五の新しい社会をさします[1]。第5期科学技術基本計画では、Society 5.0を「超スマート社会」と名づけています（図1-1）。日本経済団体連合会（経

団連）のPolicy（提言・報告書）『Society 5.0―ともに創造する未来―』では、「デジタル革新と多様な人々の想像・創造力の融合によって、社会の課題を解決し、価値を創造する社会」という趣旨から、これを「創造社会」とよんでいます[2]。Society 5.0がめざすべき人間中心の社会では、利便性や効率性の実現を主目的とするのではなく、デジタル技術やデータを駆使して、人間の多様な想像力や創造力を発揮し、社会を共に創造していくことが重要であると考えています。

図1-1　Society 5.0が実現する社会

内閣府作成資料　No. 2（https://www8.cao.go.jp/cstp/society5_0/society5_0.pdf）を転載

　工業社会（Society 3.0）では、工場で機械を用いて規格の一定の製品を大量生産することによって、業務が標準化され、経験により技能が高まる（いわゆる「暗黙知」）一方で、時間や空間に縛られた働き方を余儀なくされました（表1-1）。前書[3]では、工業社会を「産業社会」と、その後をまとめて「知識社会」とよびました。本書では、後者の知識社会を情報社会（Society 4.0）と創造社会（Society 5.0）に分けて議論を進めます。

　情報社会（Society 4.0）では、ICTによる省力化・自動化が進み、製造業に加えてサービス業が勃興し、人は時間や空間に縛られることなく働くことが可能となり、成果で評価されるようになってきました。暗黙知ではなく、知識や情報が瞬時に共有されることによって価値が産まれ、従来の知識や経験が通用しなくなる非連続なイノベーションが起こり始めました。Society 4.0では、情報の共有や作業工程を分野ごとに分断し、高度にシステム化することによって、高品質化や効率化が大きく進展しました（表1-1）。しかし、労働力や行動範囲、工数等、属人的な要素が多いために、少子高齢化による労働力の減少[4]により、十分な対応ができなくなる懸念があります。この懸念は、今後ますます拡大することが予想されます。現在の労働集約型の業務や知識の集積に基づく業務は、人的リソースの減少が経済発展の限界に直結するわけです。

表1-1　工業社会以後の社会の特色

工業社会（20世紀末まで） Society 3.0	情報社会（1980年代以後） Society 4.0	創造社会　（2050年） Society 5.0
・機械や設備に頼る肉体労働 ・業務内容の標準化・マニュアル化 ・均一性を前提とした生産 ・蓄積した経験に基づく技能習熟 ・現場中心の改善 ・組織は階層的構造	・ICTを活用した自動化・リモート化 ・技術革新や課題変化の速度が早まる ・求められるスキルが変化 ・知識や情報が急増、オープンイノベーション ・従来からの知識・経験の否定、破壊・非連続イノベーション	・情報社会が一層進化し、その特徴が顕著に ・定型的業務はAI・ロボットが代替・支援 ・社会の多様な課題やニーズに応えることへの期待 ・知識の共有・集約によって、新たな価値を産み出す ・多様な想像力とそれを実現する創造力が価値を産み出す

　Society 5.0は、Society 4.0を基礎としてAIやロボット等によって人的リソースを代替化・省力化するもので、質的には大幅に変化します。定型的業務はAIやロボットに代替が可能となり、経理、生産管理部門などの間接業務についても、ロボティック・プロセス・オートメーション（robotic process automation, RPA）の導入によって、定型的業務の自動化が図られています。テレワーク等の普及によって、人は、時間の有効活用ができるようになり、新たな高付加価値の業務を行うことができるようになります。Society 5.0実現の鍵となるものは、IoT、ビッグデータ（big data）、AIそしてロボット（robot）です。これまでの情報社会（Society 4.0）では、情報の所有や分析を人主体（フィジカル空間）で行ってきたために、いかに人が効率的に情報にアクセスし活用できるかが重要視されてきました。すなわち、あらゆる面で基本的には人による判断（情報収集・分析・提案・操作）が求められていましたので、知識や情報が共有されず、分野横断的な連携が不十分でした。人が行う能力に限界がありますから、多量の情報の中から必要な情報を見つけて分析する作業負担や、年齢や障害などによる労働や行動範囲に制約があり、十分な対応が困難でした（表1-1）。しかし、Society 5.0では、人に代わってAIが情報を集約・分析するため、いかに「人」に合わせて必要な時に、必要な形で、必要な分だけ提供できるか、というスマートさが重要視されます。人々は、世の中の多様なニーズを読み取り、それを解決するためのビジネスを設計して、AIやデータの力を使って、それを実現することが求められます。すなわち、想像力と創造力が必要となり、時間ではなく、成果や産み出された価値が評価されることになります。そのため教育も、知識やスキルの実装ではなく、それらの利活用の能力開発に重心が移ります。さらに、Society 3.0までは、相互に独立的あるいは対立的に発展してきたそれぞれの社会セクターも、他の社会セクター等との間の相互参加や連携等により、Society 5.0の社会にふさわしい形で自らの存立基盤や独自性の強化を図ることが不可欠となっています。換言すれば、Society 5.0は、資源やモノではなく、知識を共有・集約することによって、さまざまな社会課題

を解決し、新たな価値を産み出す「知識集約型社会」と言えます。

表1-2　産業革命

第一次 （18世紀～19世紀）	蒸気機関の発展とともに、鉄と繊維工業が中心的役割を担い、軽工業を中心として紡績機など機械が導入された。農耕・地方社会の工業化・都市化が進展した。
第二次 （1870年～1914年）	重化学工業を中心に鋼鉄、石油、電気などの新しい産業が拡大し、電力を使い大量生産を行った。広範なエネルギーの利活用のインフラが整備された。
第三次 （1980年～）	アナログ回路や機械デバイスからデジタル技術への進歩で、パーソナルコンピュータ、インターネット、情報通信技術などにより、自動化・情報化が進み始める。しかし、従来のアナログ的な道具の置き換えでしかなかった。
第四次 （2010年代～）	人工知能、モノのインターネット、ブロックチェーン、ロボット工学、ナノテクノロジー、生命工学など多分野における新しい技術革新が特徴である。デジタル革命を前提として、技術革新の新たな道が追求されている。

　「第四次産業革命」という言葉が、巷ではよく聞かれますので、これについても言及しましょう（表1-2）。第一次から第三次までの産業革命は、技術の発展によって特徴づけられますが、第四次産業革命は、過去三度とは根本的に異なるかもしれません[5]。2030年代までには、機械の自律性や柔軟性が極限まで高められ、機械は人間にとって創造的でない仕事の肩代わりが可能になると予言されています。

　Society 5.0では、IoTによって全ての人・モノ・組織がネットワークでつながり、多量のデジタルデータ（big data、ビッグデータ）の収集・蓄積が進みます。ビッグデータとは、「多量性(volume)、多源・多様性(variety)、

高頻度・高速度（velocity）の3Vのいずれか（あるいは全て）の情報資産であり、新しい形の処理を必要とし、意思決定の高度化、見識の発見、プロセスの最適化に寄与する。」と定義されています[6]。ビッグデータは、①国や地方公共団体が提供する「オープンデータ」、②企業等の暗黙知（ノウハウ）をデジタル化・構造化したデータ、③多数のデータソースによって継続的に生成されるストリーミングデータ、④個人の属性に係る「パーソナルデータ」の4種類に分類できます。

　ただし、多量のデータ自体には必ずしも価値はなく、高度な情報処理能力と機械学習などの学習能力をもって、必要な時に必要な情報を提供できるシステムや仕組みとしてのAIによって、導き出されるさまざまな知見にこそ価値があります（図1-2）。したがって、Society 5.0は「AI駆動型社会」とも言えます（コラム1-2）。AIによるデータの分析結果が、今までにない新しい価値を産み出すことになり、イノベーションの源泉にもなります。AIの分析精度向上や利活用による新しい価値の産出には、データの量だけではなく、その種類や質が重要なポイントです。多種類の高品質なデータを多量に保持することが、国・組織の競争力を左右し、それらのあり方や発展にも大きな影響を与えることになります。これが、「データ主導社会」あるいは「データは21世紀の石油」と言われる所以です。

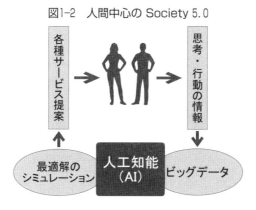

図1-2　人間中心の Society 5.0

> ### コラム 1-2
>
> **AI駆動型社会**への転換
> **高度なAI開発**とデータ分析のために、**多種多様なデータを収集・共有**
> することが重要である。
> この前提として、データ関連ポリシー（**プライバシー保護**や**サイバーセ**
> **キュリティ**）の確立が必要である。

第2節　「イノベーションへの適応力」としての人材育成

　デジタル化や第四次産業革命は急速に進行しています。経済協力開発機構
（OECD）の調査（2017年）では、全加盟国で16歳から74歳の４人中３人が
インターネットを毎日、あるいはほぼ毎日使用していると回答していま
す[7]。使用理由は、友達やソーシャルネットワークとの接続、情報の収集、
インターネットバンキングなど、さまざまなオンラインサービスの利用など
です。デジタルの定着は、年齢の高い層より若い層の方が進んでいる傾向が
ありますが、10年前に比べると年齢層の差がなくなってきています。また、
ニュースをオンラインで読んだり、ダウンロードする個人の数が、ここ10年
で約40％（OECD加盟国の平均）増えました。2017年には、65％がニュース
閲覧にインターネットを使用しました。

　数十年前までは、コンピュータによる仕事は、ほとんどありませんでし
た。しかし、OECD加盟国の仕事におけるICTの使用時間は、1995年から
2014年の間に倍増し、その後も伸び続けています[7]。多くの人が遠隔での仕
事が可能となり、仕事の方法も変わってきています。一方、OECD加盟国の
33ヵ国中28ヵ国について、2007年から2015年にかけて、労働市場の不安定性
が増しています。これは潜在失業によるとみられる収入の減少を意味してい
ます。AIの進化が、この不安定性に拍車をかけているものと予想されます。
五大国際特許事務所に申請されたAI技術の発明の数は、1991年から2015年

にかけて毎年平均11％増加しています[8]。

　わが国のAI関連発明の出願件数は、もっと特徴的です[9]。国内全体の出願件数は、2000年以降減少傾向にありますが、AI関連発明の出願件数は2014年以降急増しています（図1-3）。その主役はニューラルネットワークを含む機械学習技術で、中でも深層学習に関する発明の急増が注目されます。

図1-3　AI関連発明の出願件数の推移[9]

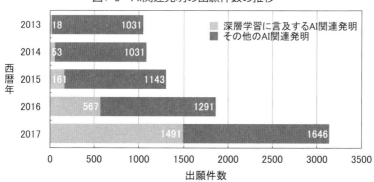

　イノベーションの波が到来する間隔は次第に短くなっています。第一次産業革命（表1-2）以来過去400年にわたって、主要な産業を変革する大きな波は長い周期で到来してきました。最初の周期は二世紀近くにわたって続きましたが、現在の周期は20〜25年と予想されています[10]。

　イノベーションとは、Joseph Alois Schumpeter（1883-1950、オーストリア出身の経済学者）が定義したもので、経済活動の中で生産手段や資源、労働力などのそれまでとは異なる方法での新結合のことです。すなわち、物事の「新結合」「新機軸」「新しい切り口」「新しい捉え方」「新しい活用法」などを創造する行為をさします[11]。わが国では、当初「技術革新」と日本語訳されたために、新しい技術の発明と理解される傾向がありますが、それだけではなく、新しいアイディアや社会的意義のある新しい価値を創造し、社会的に大きな変化をもたらす自発的な人・組織・社会の幅広い変革を意味して

います。イノベーション時代に求められるのは、既存の発想や手法に拘らない柔軟さです。

　イノベーションの測定・把握については、国際的に共通する方法論は確立されてはいませんが、オスロ・マニュアル（Oslo Manual 2018: Guidelines for Collecting, Reporting and Using Data on Innovation, 4th Edition）が、現状では最も適切な指針でしょう[12]。オスロ・マニュアルの定義によると、イノベーションとは「自分の組織にとって新しいものや方法の導入」であって、他の組織が先に同様の内容を導入していたとしても、自組織にとって新しければイノベーションと考えられます。イノベーションは、技術的なものと非技術的なものに分類され、それぞれが2種類、合計4種類からなります（表1-3）。オスロ・マニュアルの定義に沿ったイノベーションの実現状況に関する国際比較のデータとわが国の状況分析については、他書[13]をご参照ください。

表1-3　オスロ・マニュアルが定義するイノベーションの分類[13]

技術的イノベーション	・プロダクト・イノベーション：製品・サービスの刷新 ・プロセス・イノベーション：生産工程、配送方法、それらを支援する活動等
非技術的イノベーション	・組織イノベーション：業務慣行、職場編成、対外関係に関する方法 ・マーケティング・イノベーション：製品・サービスのデザインの変更、販売・価格設定方法、販路等

　第四次産業革命に向けたイノベーションを実現する力を、「イノベーションの基礎力」と「イノベーションへの適応力」の二つの大きな要素に分けて整理します[13]。「イノベーションの基礎力」とは、研究を担う人的資本、論文数や特許件数などで表される知識の創出、第四次産業革命の核となっているIoT、AI、ロボットなどの技術、研究開発の効率性をさします。これら

は、主にプロダクトイノベーションを推進する源泉となるものです。「イノベーションへの適応力」とは、新技術導入に向けた組織の柔軟性やイノベーションに対応した人材育成のあり方、ICT投資を含む無形固定資本への投資、新たな技術や商品を生み出す起業家精神やリスクマネーの供給、規制や電子政府の進展度など主に第四次産業革命の進展を促す制度面をさします。これらは、プロダクトイノベーションだけではなく、プロセス、組織、マーケティングの各イノベーションに幅広く関連します。

　詳細な分析結果は省略しますが、「イノベーションの基礎力」については、日本は、AI関連の特許件数、ロボット等の技術力などの面では、国際的にも高い水準にあります。しかしながら、「イノベーションへの適応力」の観点からは、相対的に弱い面が散見されます。具体的には、IT化に対応した企業組織の体制面に向上の余地があること、人材への投資水準が国際的にみて低いこと、新規事業を起こす起業家の割合が少ないこと等があげられています。第四次産業革命を推進するためには、イノベーションの「基礎力」だけでなく、「適応力」も重要です。

　「適応力」の中で人材養成に話題を絞ると、技術革新に対応した社会人のスキルアップ（リカレント教育）が重要課題です。リカレント教育の割合は、日本は国際的にみて非常に低く（第二部第1章第2節、pp. 57-63）、その背景としては、わが国の伝統的な雇用制度等に加え、リカレント教育に適した教育訓練コースを設定している、あるいは質の高いリカレント教育を提供している高等教育機関の少ないことがあります。これらの点については、本書で詳しく議論します（コラム1-3）。

コラム 1-3

Society 5.0では、**求められる人材像は刻々と変化**する。このような変化に対応するために、あらゆる人々が**能動的に学び続け、価値観を更新し続ける**ことが必要である。

《注》

(1) 内閣府　Society 5.0　https://www8.cao.go.jp/cstp/society5_0/

(2) Keidanren Policy & Action　日本経済団体連合会　Society 5.0—ともに創造する未来—　https://www.keidanren.or.jp/policy/society5.0.html

(3) 川口昭彦（一般社団法人専門職高等教育質保証機構編）『高等職業教育質保証の理論と実践』専門学校質保証シリーズ、ぎょうせい、平成27年、pp. 3-8

(4) 国立社会保障・人口問題研究所　日本の将来推計人口（平成29年度の推計）の公表資料　http://www.ipss.go.jp/pp-zenkoku/j/zenkoku2017/pp29_Report3.pdf

(5) Klaus, S.（2017）The Fourth Industrial Revolution New York, Crown Publishing Group. ISBN 9781524758875

(6) 総務省　平成24年版　情報通信白書　https://www.soumu.go.jp/johotsusintokei/whitepaper/ja/h24/html/nc121410.html

(7) トレンド、データや子供たちの絵から見る未来の教育と職業（2019）OECD、公益財団法人日本国際教育支援協会訳　http://www.oecd.org/education/Envisioning-the-Future-ofEducation-and-Jobs-Japanese.pdf p. 10

(8) 特許庁　AI関連発明の出願状況調査（2019）https://www.jpo.go.jp/system/patent/gaiyo/sesaku/ai/ai_shutsugan_chosa.html

(9) (8)図2を参考に著者が作成

(10) 国際競争力の強化に不可欠なイノベーションへの適応力　https://ifwe.3ds.com/ja/high-tech/adaptation-is-second-nature

(11) 独立行政法人大学改革支援・学位授与機構編著『大学が「知」のリーダーたるための成果重視マネジメント』大学改革支援・学位授与機構大学改革マネジメントシリーズ、ぎょうせい、2020年、p. 120

(12) 伊地知寛博（2019）『Oslo Manual 2018：イノベーションに関するデータの収集、報告及び利用のための指針—更新された国際標準についての紹介—』STI Horizon Vol. 5 No. 1　https://www.nistep.go.jp/wp/wp-content/uploads/NISTEP-STIH5-1-00168.pdf

(13) 内閣府　第3章　「Society 5.0」に向けた行動変化　第2節　https://www5.cao.go.jp/j-j/wp/wp-je18/h03-02.html

---

第2章

少子高齢化と人生100年時代

　世界の人口は、19世紀末から21世紀に至るまで「人口爆発」とよばれるように、急増しています。1900年には約16億5000万人、2000年には約61億人にまで爆発的に増えています。そして、2056年には100億人に達すると推定されています（国連人口部　世界人口統計2015版）。人口爆発が始まった時期は、第一次産業革命の進展時期と重なり、以下のような要因が考えられます。

- ・鉄道や蒸気船などにより物流効率の上昇により貿易コストが低下したため、穀物貿易が促進され、他地域との食料交換によって、それぞれ地域の穀物生産能力とは無関係に人口増大が可能となった。
- ・化学肥料・農業機械の生産あるいは電力使用によって、穀物生産能力が高まった。
- ・医療に関する技術革新の進展によって、死亡率（とくに子供の死亡率）が低下した。

　世界規模では、人口増加が続いているのに対して、日本では、2008年をピークに総人口が減少に転じています。出生率が減少する一方で、医療の発達や保険制度の充実から長寿化が進んでいます。この結果、わが国では、少子高齢化という国レベルの課題だけでなく、個々人についても「人生100年時代」と言われる長い人生を、いかに有意義に過ごすかを考えなければならない時代に突入しています。このような少子高齢化の進展や生産年齢人口の減少により、経済規模の縮小、労働力不足、国際競争力低下、医療・介護費増大に伴う社会保障制度（給付と負担のバランス）など社会的・経済的課題が深刻になっています。

　このような状況の下で、経済社会水準を維持するためには、限られた労働力でより多くの付加価値を産み出すことが不可欠です（コラム1-4）。

コラム 1-4

人口減少時代の唯一の切り札は、組織や個人の能力を最大限に発揮して、さらに高い付加価値を産み出すことである。

第1節　予想以上の速度で進む「少子高齢化」とマルチ・ステージ人生

　日本では、世界のどの国も経験したことのない速度で、少子高齢化が進行しています。国立社会保障・人口問題研究所の将来推計[1]によると、2050年には日本の総人口は1億人を下回ると予測されています。人口構成も変化しています。1997年から65歳以上の高齢者人口が、14歳未満の若年人口の割合を上回るようになり、2017年には3,515万人で、全人口に占める割合は27.7％に増加しています（図1-4）。2019年9月15日現在推計[2]によると、総人口は前年に比べ26万人減少しましたが、65歳以上の高齢者は3588万人（前年から32万人増加）となり、総人口に占める割合は28.4％に達しています。また、世界の国々（201カ国・地域）について高齢者が総人口に占める割合（2019年）を比較すると、わが国が最も高くなっています[2]（図1-5）。

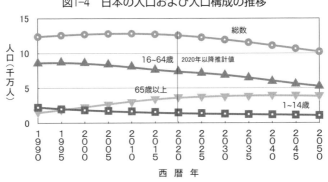

図1-4　日本の人口および人口構成の推移

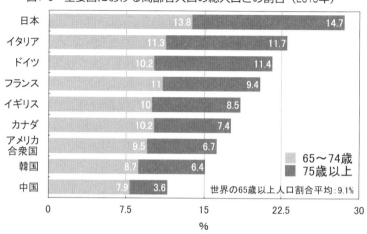

図1-5　主要国における高齢者人口の総人口との割合（2019年）[3]

　15歳から64歳の生産年齢人口については、2017年には7,596万人（総人口に占める割合：60.0％）でしたが、2040年には5,978万人（53.9％）にまで減少すると推計されています。65歳以上人口と15〜64歳人口の比率をみると、1950年には65歳以上の者1人に対して現役世代（15〜64歳の者）12.1人であったのに対して、2015年には65歳以上の者1人に対して現役世代2.3人となりました。高齢化率の上昇とともに、現役世代の割合は低下し、2065年には、65歳以上の者1人に対して現役世代1.3人という比率になると予想されています[4]。

　日本、ドイツおよびロシアの人口が、将来にわたって減少するものと推計されていますが、他の先進諸国では、人口減少が進んでいるわけではありません[5]（表1-4）。中位年齢（人口を年齢順に並べ、その中央で全人口を2等分する境界点にある年齢）に注目すると、わが国のみが50歳を超えています。老年従属人口指数（生産年齢人口100に対する老年人口の比）は、2015年現在43.8（働き手2.3人で高齢者1人を扶養）から2023年に50.3（同2人で1人を扶養）へ上昇し、2065年には74.6（同1.3人で1人を扶養）となるものと推計されています[1]。

表1-4 先進諸国の総人口・中位年齢の推移＊

西暦年	先進国	日 本	アメリカ合衆国	イギリス	ドイツ	フランス	ロシア
2000	1,188(37.3)	127(41.5)	282(35.2)	59(37.6)	81(40.1)	59(37.7)	146(36.5)
2010	1,235(39.9)	128(45.0)	309(36.9)	63(39.5)	81(44.3)	63(40.1)	143(38.0)
2020	1,273(42.0)	125(48.7)	331(38.3)	68(40.5)	84(45.7)	65(42.3)	146(39.6)
2030	1,286(44.1)	119(52.4)	350(39.9)	70(42.4)	83(47.0)	67(44.1)	143(42.7)
2040	1,287(45.8)	111(54.2)	367(41.6)	72(44.1)	82(48.6)	68(45.3)	139(43.9)
2050	1,280(46.0)	102(54.7)	379(42.7)	74(44.5)	80(49.2)	68(45.9)	136(41.7)

＊総人口の単位：百万人。（ ）内数字：中位年齢（歳）

1．少子化：合計特殊出生率

　少子化は、複数の文脈で語ることができますが、合計特殊出生率が人口置換水準を相当長期間下回っている状況のことをいいます。合計特殊出生率（total fertility rate）とは、人口統計上の指標で、一人の女性が出産可能とされる15歳から49歳までに産む子供の数の平均を示します。この指標によって、異なる時代、異なる集団間の出生による人口の自然増減を比較・評価することが可能となります。人口の増減は、出生、死亡および人口移動（移入、移出）に依存します。移出入がないと仮定すると、長期的な人口の増減は、出生と死亡の水準で決まることになります。そして、ある死亡の水準の下で、人口が長期的に増減せずに一定となる出生の水準を「人口置換水準（replacement-level fertility）」とよびます。

　人口の男女比が1対1で、すべての女性が出産可能年齢範囲の上限である49歳を超えるまで生きると仮定すると、合計特殊出生率が2であれば人口は横ばいとなり、これを上回れば自然増、下回れば自然減となるはずです。実際には、人口および生まれてくる子供の男女比は1対1ではなく、出産可能年齢範囲の下限である15歳以下で死亡する女性がいることなどから、先進国の人口置換水準は2.1と推計されています[6]。

　人口動態総覧（率）の年次推移[7]によると、第二次世界大戦終了直後（1947年）には合計特殊出生率は4.5以上の高い値を示し、その後出生率が徐々に減少しました。1973年までは、ほぼ人口置換水準を上回っていましたが、それ以降下回るようになりました（表1-5）。1989年（昭和64年・平成元年）には、人口置換水準が1.57にまで低下し、少子化問題に対する社会的関心が高まりました。その後も徐々に数値は減少して、2005年には1.26にまで減少しました。それ以後やや上昇方向に転じたものの、2016年から4年連続で前年を下回りました。

表1-5　日本の合計特殊出生率の推移[6]

1970年	2.13	2000年	1.36	2016年	1.44
1980年	1.75	2005年	1.26	2017年	1.43
1990年	1.54	2010年	1.39	2018年	1.42
1995年	1.42	2015年	1.45	2019年	1.36

　2007年以降は、合計特殊出生率の微増にもかかわらず、出生数は減少傾向にあり、死亡数が出生数を上回っています。2016年から出生数が100万人を下回り、91.8万人（2018年）、86.5万人（2019年）にまで減少しました。これは、出産が可能な女性の総人口が減少していることによるものと予想されます。一方、2019年の死亡数は138万1,098人と、前年より1万8,628人増加し、戦後最多となっています。この結果、死亡数から出生数を差し引いた減少幅は51万5,864人となり、12年連続で過去最大を更新し続けており、人口減少がさらに加速しています。

　少子化の背景には、若者の経済的不安定さや長時間労働、子育てにかかる経済的負担、仕事と子育ての両立の難しさなど、若者の結婚や出産、子育ての希望の実現を阻む、さまざまな要因が複雑に絡み合っています。少子化の進展は、わが国の社会経済の根幹をも揺るがしかねない大問題で、政府は、合計特殊出生率の目標値を2.07と定め、さまざまな政策を打ち出しています[8]。

2．高齢化：人生100年時代の生き方改革

　日本人の平均寿命は、2010年の実績値で、男性79.64年、女性86.39年でした[8]。平均寿命は、さらに延伸すると予測されており、2050年の推計値では、男性83.55年、女性90.29年となり、女性の平均寿命が90年を超えると推定されています。65歳時の平均余命をみると、1955年には男性11.82年、女性14.13年でしたが、2010年には男性18.86年、女性23.89年となり、男女ともに高齢期が長くなっています[9]。高齢化率（65歳以上人口が総人口に占める割合）の上昇速度をみても、7％を超えてからその倍の14％に達するまでの所要年数は、先に高齢化が進んだヨーロッパ諸国（フランス115年、スウェーデン85年、イギリス47年、ドイツ・イタリア40年）と比較して、日本では、1970年に7％を超え、1994年には14％に達しました[9]。すなわち、わが国では、24年で倍増したことになり、世界に例をみない猛スピードで高齢化が進み、人生100年時代[10,11]に突入しているわけです。現在の社会環境が続くと仮定すると、2007年に生まれた子供の半数が到達する年齢は、107歳と試算されます。

　少子化問題は、国の政策等に依存する部分が非常に大きく、また解決には相当な時間を必要とします。一方、高齢化問題には、もちろん政策的な対応が不可欠ですが、個々人や教育機関の努力や意識変革あるいは現行制度の改変によって対応できる部分も多々あります（コラム1-5）。

```
コラム 1-5
```

　高齢化問題の要因の多くは、**各組織や各個人の努力や意識改革によって対応可能**である。

　高齢期が長くなりますから、われわれの人生設計も変わらざるを得ません（表1-6）。第1章で解説しましたように、情報技術（IT）や人工知能（AI）の開発によって、多くの仕事がコンピュータに置き換えられ、人が担う仕事の領域も変貌していきます。知識やスキルは日進月歩の進化を続け、産業の

高度化が急速に進み、新しい産業・職業が次々と生まれる一方で、今ある職業の多くが、新しい職業に入れ替わっていくことになります。さらに、知識やスキルは、日進月歩で進歩しますから、キャリア初期に身につけた専門知識・スキルだけでは、長い人生を生き抜くことが難しくなります。一生の間に、複数回のキャリア教育を受けるマルチ・ステージ人生（図1-6）を考えなければなりません。

表1-6　人生100年時代を生きるためには

・100歳まで生きると仮定して、勤労時代に毎年の所得から約１割を貯蓄し、引退後、最終所得の半分相当の資金で暮らしたいと考えた場合には、80歳まで働く必要がある。
・100歳まで生きても、引退年齢が変わらない限り、ほとんどの人は、長い引退生活を送るために必要な資金を確保できない。
・平均寿命が長くなり、出生率が大きく落ち込んでいる日本では、引退後の年金等は、最近生まれた子供やその子供に頼ることはできない。

図1-6　人生100年時代のマルチ・ステージ人生のイメージ

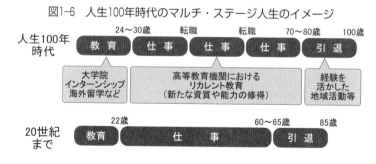

わが国の伝統的な人生プラン（生き方）は、「高等教育機関や高等学校を卒業し、企業に就職し、ずっと同じ企業で働き続け、あとは年金で暮らす」という「教育」「仕事」「引退」の三ステージでした。仕事は、生活を支えるという金銭的な理由だけではなく、自らのプライドやアイデンティティーを維持するためにも重要でした。人生100年時代の到来で、これの見直しが迫

られており、マルチ・ステージ型人生、すなわち「働きながら学ぶ（リカレント教育）」、「学びながら働く（学生起業）」、「複数の仕事や活動を並行して行う（副業・兼業）」、「自分自身でビジネスを始める（起業）」などを想定する必要があります。とくに「仕事」のステージが長くなり、生涯に複数のキャリアをもつことが不可欠となります。実際、高齢者（65歳以上）の就業者（月末1週間に収入を伴う仕事を1時間以上した者、または月末1週間に仕事を休んでいた者）数は、2004年以降増加し続け、2018年には862万人に達しています[12]（図1-7）。これは、高齢者のうち四分の一が就業していることになります。

図1-7　年齢階層別高齢者の就職率の推移[13]

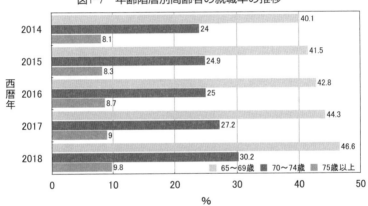

三ステージ型人生とマルチ・ステージ型人生の比較は、50歳代のプレシニア期について説明するのが、もっとも理解しやすいでしょう。三ステージ型では、50歳代といえば、組織の中で到達点はすでに見えており、60歳定年を前に職業人生の最終コーナーを回っている時期で、周囲からも尊敬の念をもって見られていることも多かったと思います。しかし、人生100年時代では、このプレシニア期は、まだ20年間あるいはそれ以上にわたって働き続けるための足掛かりを作らなければならない時期へと変化してしまっているわけです。当然、周囲にはライバルがたくさんいるでしょう。

　長い人生を生産的に活動するためには、自律的にキャリアを選択して生涯を通じて知識とスキルを獲得するための意欲および投資が肝要です。長い人生の間には、多くの変化・選択を経験することになり、多様な選択肢をもっていることの価値が高まります。生涯を通じて、生き方、働き方を柔軟に修正する力をもち続けることが重要になります。

　人口減少が加速する社会全体からみても、高度成長を支えてきた人々の経験や実績を活用しないことは日本にとって大きな損失となると言わざるを得ません[11]。働く意思と能力のある人が年齢には拘わりなく、その能力を十分に発揮できるような社会の構築が不可欠です。働くことにはさまざまな目的がありますが、所得を得て自分の生活を支えるという意味は年齢を重ねるにつれて弱まり、社会への貢献や生きがい、健康の維持といった傾向が強くなります。加齢により高まる能力もありますが、残念ながら作業速度などの能力低下は避けられません。したがって、仕事の内容も年齢によって変化しますし、高齢になっても働ける環境を整備することは、正に政策課題で第2節で議論します。

　われわれ日本人の意識改革も重要な要素です。日本人は、集団組織とタテのつながり（「ウチ」「ソト」を強く意識する）を重視し、個人がもつ資格や能力よりもその個人がどの「場」に所属しているかをみながら、人を評価する傾向があります[14]。欧米では、人は個人の実力や職業そのもので評価されるのに対して、日本では、出身校や勤務先で社会的評価が決まってしまいます。大学生の就職活動でも、所属する大学やその卒業生などのもつネットワークを活用するのが一般的です。就職してからも、会社頼み、組織頼みの意識は変わりません。また、定年前の社員に対しては、会社が子会社や関連企業に次の職を斡旋しますし、定年が近い官僚には、関連団体等への「天下り」が用意されています。このような制度は、わが国の長い歴史や伝統的な文化によって育まれてきたもので、利点も多くあります。一方で、「リスクがあっても、新しい職（あるいは「場」）に挑戦してみよう。」という意欲を失わせてしまう懸念もあります。人生100年時代やグローバル化が進む中で、

人事システムの柔軟性と流動性が求められます[15]。

　現在、日本でも40〜50歳代で転職を考える人が増えてきています。しかし、今までタテ社会の中で生きてきましたから、自分のスキルや強みを社外の人に説明して理解してもらうことには慣れていないと思われます[15]。このため、現状以上の職が、なかなか見つからないようです。自分が今まで積み上げてきたキャリアには、もっと可能性があることを認識して、自分の能力を積極的にアピールすることが肝要です。もちろん、この問題は、個人の意識改革のみならず、企業や政府を含めて長期的に取り組まなければならない課題です。

第2節　「終身雇用制度」の残像からの脱却：生涯現役社会

　日本の雇用システムの特徴は、長期雇用制度（終身雇用制度）、年功賃金制度（年功序列制度）および企業別組合の組み合わせでした。これは「メンバーシップ型」とよび、企業の文化・社風にあった「ポテンシャル」を重視した採用を行い、企業内教育訓練を通じて、企業固有の知識・スキルを獲得させ、その企業内でジェネラリストとしての成長を期待するものです[11, 16]。大学教育もこの雇用システムに順応して、大学生は「どこの会社に入社しようか。」という意識で行動しています。どのような職業を選ぶかという「就職」と会社を選ぶ「就社」が混同されて、「職務」という意識が希薄となっているわけです。

　これに対して、欧米諸国のシステムは、具体的な職務を前提として人事を行う「ジョブ型」です。したがって、職務によって、人の能力や適性を評価し、最適任の人を雇用します。その職務が必要なくなれば、その人は、その能力を正当に評価してくれる場所に移ることになります。欧米では、それぞれの人々が「何ができるのか」という能力中心の考え方で社会が動いているのです。

　製造業（モノ作り）が中心であったSociety 3.0（工業化社会）では、メ

ンバーシップ型が有効に機能して、わが国の発展に多大に寄与したことは疑問の余地はありません。日本では、「職務」という概念が比較的希薄で、成果より働いた時間に重点が置かれてきました（時間主義）。Society 4.0・5.0では、働く時間や肉体に替わって「知」を産み出すアイディアが求められるようになり、デジタル化により労働の価値が大きく転換しています。換言すれば、サービスビジネス中心の価値観へ変革が進んでおり、これに対応した「働き方改革」が必要です（コラム1-6）。若さと肉体の価値を置いたままでは、高齢化時代は乗り切れません。

コラム 1-6

時間に比例して生産高や賃金が決まってきた**モノ作り時代の残像から脱却**した「**働き方改革**」が必要である。労働時間に応じて報酬が支払われるのではなく、**成果や産み出した価値、信用度が評価の基盤**となるべきである。
働く時間の長さで評価する文化を変えよう！！！

　職務内容を明確にして成果で社員を処遇する「ジョブ型雇用」を導入しようとしている企業もあります。とくに、新型コロナウイルスの影響による在宅勤務の拡大で、時間に囚われない働き方へのニーズが高まっています。しかしながら、働いた時間に重点を置く労働規制が壁になりかねない状況でしょう。もちろん、時間に縛られない働き方を可能とする制度はあります（表1-7）。しかしながら、高度プロフェッショナル制度（2019年4月より開始）の利用者は414人にとどまっており、年収1,000万円超の労働人口の0.01％に過ぎません。その他の制度も対象が限定的で導入している企業は限られています。日本の労働規制は、労働時間に応じて残業代が増える仕組みとなっており、成果主義にはそぐわないシステムです。企業はルールを守るために管理を厳密にすることが求められ、必ずしも柔軟には対応できないわけです。

表1-7　時間に縛られないで働くことが可能な制度

高度プロフェッショナル（高プロ）
（概要）働き方を自由に決められる。事実上、残業規制はないが、手続き
　　　　が煩雑
（対象）年収1,075万円以上コンサルタントなど5職種

裁量労働
（概要）実際に働いた時間ではなく、労使協定によって決められた時間を
　　　　労働時間とみなす。
（対象）専門型の19業務と企画型

フレックスタイム
（概要）一定期間の決められた労働時間内で出退社時間を決められる。
（対象）職種の限定なし

事業場外みなし労働時間
（概要）社外での仕事を労働時間とみなす。
（対象）営業・添乗員など

　欧米では、最近、ギグ・エコノミー（gig economy）あるいはギグ・ワーカー（gig worker）が注目されています[17]。ギグ・エコノミーとは、企業に採用されることなくインターネットを通じて単発の仕事を受注する働き方や、それによって成り立つ経済形態をさします。インターネットなどの情報通信技術の発達やスマートフォンの普及により、経済・産業のデジタル化が進んだ結果、デジタル技術を基盤としたオンデマンド・プラットフォーム（on-demand platform：要求に対応した作業の場）は、今までのオフライン・トランザクション（offline transaction：オフラインの業務処理）とは異なる仕事と雇用形態を産み出しています。一般に、仕事（work）とは、福利厚生を含む、設定された労働時間をもつフルタイムの労働力として説明されてきました。しかし、労働条件の定義は経済状況の変化や技術の進歩とともに変化し始めており、独立した契約労働などを特徴とする新しい労働形

態が登場しています。ギグ・ワーカーは、独立業務請負人（独立請負業者）、オンライン・プラットフォーム労働者、契約事務所労働者、オンコール労働者および臨時労働者の総称で、企業の顧客にサービスを提供しています。アメリカ合衆国では、組織に属さないフリーランサーが全就労者の35%（2018年）に達しています[18]。ギグ・エコノミーの拡大は人々が安定した仕事を得られないことを意味しており、OECD加盟国の大部分でも、労働市場の不安定性につながっています[19]。

　「知」が価値をもつこれからの時代では、年齢や肉体の衰えとは関係なく、想像・創造力を発揮して優れたアイディアを出す人が果実を得ることになります。時間や肉体ではなく知で勝負する時代ですから、知識やスキルの陳腐化は急速に進む一方で、働き手の「賞味期限」は延びます。もはや、一元的なキャリア・パス、仕事のオン・オフ時間の明確な線引きは過去のものとなりつつあります。働く期間の長期化と急速に進化する知識・スキルによって、生涯を通じた学修が求められます。この流れは、労働者の権利保護を目的とした国際労働機関（International Labour Organization, ILO）が新たな働き手の生涯教育の仕組みづくりに取り組んでいることからも明らかです[20]。

　年功序列や終身雇用などを特色とした日本型雇用は転機を迎えています。業務の成果で評価する人事制度に移行する企業が出始めています。新型コロナウイルス感染拡大時に普及した在宅勤務の定着を図るために、在宅勤務に限定した社員の採用を始める企業も出てきました[21]。在宅勤務の広がりによって、出社して働いた時間を前提とする日本型の雇用制度は変わらざるを得ません。

　正規雇用として採用された初職から一度も退職することなく「終身雇用」の道を歩んでいる（退職経験がない）男性は、2016年末時点で、30歳代後半42%、40歳代38%、50歳代前半36%に過ぎないという調査結果があります[22]。また、中高年人材（40歳以上）の転職も、2019年には1万人を超える見通しで、6年前の3倍に達しています[22]。デジタル技術を駆使したグローバルレベルの競争には生き残れないという危機感から、人事・給与システムを変え

ている企業もあります。採用については、４月一括から通年に切り替える企業が増えていますし、新入社員でも能力に応じて年収１千万円以上を支払う企業も登場しています[22]。いずれにしても、伝統的な日本の雇用制度は崩壊しつつあるわけです。

　自分の都合のよい時間に単発の仕事を請け負うギグ・ワーカーも登場し、業務委託の形で中高年のもつノウハウと企業のニーズの橋渡しをするサービスが実施されています[23]。欧米の雇用の流動性は、わが国と比較して遥かに高く、アメリカ合衆国の2019年の人員削減計画数は前年比10％増であるのに対して、新規採用計画数は18％増加して、働く場の選択肢はむしろ増えています。日本でも、中高年の転職市場が広がることによって、専門知識を活かした働く機会の増加が期待できます。

《注》
(1)　国立社会保障・人口問題研究所　日本の将来推定人口（平成29年推計）http://www.ipss.go.jp/pp-zenkoku/j/zenkoku2017/pp_zenkoku2017.asp
(2)　総務省統計局　高齢者の人口　https://www.stat.go.jp/data/topics/topi1211.html
(3)　(2)の図２を参考に著者が作成
(4)　内閣府　令和元年版高齢社会白書　https://www8.cao.go.jp/kourei/whitepaper/w-2019/zenbun/01pdf_index.html p. 5
(5)　総務省統計局　世界の統計2020　https://www.stat.go.jp/data/sekai/pdf/2020al.pdf
(6)　守泉理恵(2008)将来人口推計の国際比較：日本と主要先進諸国の人口のゆくえ、人口問題研究　64　pp. 45-69　http://www.ipss.go.jp/syoushika/bunken/data/pdf/18879104.pdf
(7)　厚生労働省　令和元年（2019）人口動態統計の年間推計　https://www.mhlw.go.jp/toukei/saikin/hw/jinkou/suikei19/dl/2019suikei.pdf
(8)　内閣府　少子化対策　https://www8.cao.go.jp/shoushi/shoushika/index.html
(9)　内閣府　平均寿命の推移　https://www8.cao.go.jp/kourei/kou-kei/24forum/pdf/tokyos3-2.pdf

⑽　Gratton L. and Scott, A.（2016）The 100-Year Life: Living and Working in an Age of Longevity. Bloomsbury Information Ltd　日本語訳本：リンダ・グラットン、アンドリュー・スコット著　池村千秋訳（2016）『LIFE SHIFT　100年時代の人生戦略』東洋経済新報社

⑾　独立行政法人大学改革支援・学位授与機構編著『高等教育機関の矜持と質保証―多様性の中での倫理と学術的誠実性―』大学改革支援・学位授与機構高等教育質保証シリーズ、ぎょうせい、2019年、pp. 6-8およびp. 18

⑿　総務省統計局　高齢者の就業　https://www.stat.go.jp/data/topics/topi1212.html

⒀　⑿の図7を参考に著者が作成

⒁　中根千枝（1967）『タテ社会の人間関係』講談社現代新書

⒂　佐藤智恵（2019）『ハーバードの日本人論』中公新書ラクレ　pp. 151-172

⒃　濱口桂一郎（2009）『新しい労働社会～雇用システムの再構築へ』岩波新書

⒄　ギグ（gig）とは、音楽領域の英語で、ライブハウスでの短い演奏セッションやクラブでの一度限りの演奏を意味する俗語（slang）に由来する

⒅　New 5th Annual "Freelancing in America" Study Finds that the U.S. Freelance Workforce, Now 56. 7 Million People, Grew 3. 7 Million Since 2014. Upwork pressrelease https://www.upwork.com/press/2018/10/31/freelancing-in-america-2018/

⒆　トレンド、データや子供たちの絵から見る未来の教育と職業（2019）OECD、公益財団法人日本国際教育支援協会訳　http://www.oecd.org/education/Envisioning-the-Future-ofEducation-and-Jobs-Japanese.pdf p. 10

⒇　International Labour Organization, Programme of meetings　https://www.ilo.org/wcmsp5/groups/public/@ed_norm/@relconf/documents/meetingdocument/wcm_041906.pdf

㉑　雇用制度、在宅前提に　「ジョブ型」や在宅専門の採用、日本経済新聞　電子版（2020/6/8）

㉒　リクルートワークス研究所　JPSED　全国就業実態パネル調査［データ集］2017　https://www.works-i.com/research/works-report/item/170609_jpsed2017data.pdf p. 284

㉓　中高年の転職、6年で3倍　厚待遇の派遣も、日本経済新聞　電子版（2020/1/23）

第3章

日本の生産性向上に貢献する

　日本では、生産性向上というときには投入を減らす「効率化」の文脈で語られることが、今までは多かったようです。しかしながら、単に生産効率のみを向上させるだけでは明らかに限界があり、付加価値の総量を増大させることが求められています。多様な人々の想像・創造力によって価値が増大し、その価値が社会に還元されることが不可欠です（コラム1-7）。

コラム 1-7

> **効率化から価値創造への移行**が、これからのポイントである。**価値の源泉**は、人の想像・創造力であり、産み出された**付加価値を社会に還元**することが重要である。

　わが国は人口が減少していくために、社会全体で持続的に価値を産み出し続けるためには、一人が時間当たりで産み出す価値を増大させる「生産性」の向上が急務となっています。個々人の自己啓発意欲が重要であり、価値を高めるために求められるのがリカレント教育です。わが国における広い意味でのリカレント教育の定義には、シニアの生涯教育も含まれますが、これについては第二部第1章（pp. 51-64）で議論します。

第1節　教育訓練プロバイダーと自己啓発

　日本型雇用（p. 25）の特色の一つは、新規学卒一括採用です。「一括」とは、特定の職務に対応した採用ではなく、大括りな採用であり、職務や勤務地域等も限定しない「無限定正社員」の場合が多いのです。そのため、企業は、日常の業務につきながら行う教育訓練（On-the-Job Training, OJT）を

基軸とした企業内教育訓練によって、労働者の職務拡大や職務転換を実施することにより、経営環境の変化に対応してきました。しかし、これが当てはまるのは、製造業を中心とした大企業の男性社員であって、非正規雇用者あるいは女性は雇用システムの中では周辺的な存在です。また、中小企業では、理念は共有されていても、企業内教育訓練体制は十分ではなく、時間的にも費用的にも余裕がありません。さらに、最近の若者の勤労意識の変化や技術革新の速さを考えると、日本型雇用の教育訓練力では対応できなくなる危惧が増大してきました。わが国の資源は人材です。正規非正規あるいは女性男性を問わず、テクノロジーを活用して生産性をあげることが、日本の国際的存在感を維持する唯一の方法です。まさに、これが「一億総活躍社会」の基盤となる理念です。

　企業内教育訓練についても、外部機関から講師を招いたり、企業負担で他組織が実施するセミナー等に参加することが含まれています。したがって、企業内教育訓練は、そのすべてが企業内で完結しているとは言えず、外部資源を活用している例は少なくありません。

　労働政策研究・研修機構[1]は、教育訓練サービスを提供している組織（「教育訓練プロバイダー」と定義しています。）と企業や労働者等との間で、教育訓練サービスが取引される市場（「教育訓練サービス市場」と定義しています。）を体系的に整理して、教育訓練サービス市場の現状について調査しました。教育訓練プロバイダー総数（15,105）全体に占める組織形態ごとの占有率が最も高いのは、経営者団体（34.4％）で全体の３割強を占めています（表1-8）。ついで、民間企業（28.8％）、公益法人（14.9％）、専修・各種学校（14.2％）と続き、大学等は776組織（5.1％）となっています。約１万５千組織の教育訓練事業収入から推計される市場規模は、およそ１兆３千億円となります。事業収入の視点から占有率を計算すると、教育訓練需要の７割強は、民間企業によって供給されていることになり、大学・大学院等は5.3％、専修・各種学校も5.3％と推計されます。

表1-8　教育訓練プロバイダー総数と占有率

	総数（占有率）
民間企業	4,351（28.8％）
経営者団体（合計）	5,196（34.4％）
商工会議所	428（ 2.8％）
商工会	1,365（ 9.0％）
商工組合・事業協同組合	3,403（22.5％）
公益法人	2,250（14.9％）
職業訓練法人（含：能開協会）	400（ 2.6％）
専修・各種学校	2,142（14.2％）
大学等（合計）	766（ 5.1％）
国立大学	40（ 0.3％）
公立大学	35（ 0.2％）
私立大学	406（ 2.7％）
短期大学	252（ 1.7％）
高等専門学校	33（ 0.2％）
全　　　体	15,105（ 100％）

　企業の指示によるものではなく、労働者が自発的に行う教育訓練、すなわち自己啓発の状況に関しては、厚生労働省の能力開発基本調査[2]があります。自己啓発を行った者の割合（平成28年度）は、正社員42.9％、正社員以外20.2％でした。自己啓発の実施方法については、正社員、正社員以外ともに、「ラジオ、テレビ、専門書、インターネット等による自学、自習」をあげる者の割合が最も高く、「社内の自主的な勉強会、研究会への参加」、「社外の勉強会、研究会への参加」と続いています（図1-8）。専修・各種学校や

大学・大学院等の受講は、いずれも数％にしか達していません。しかも、文部科学省の学校基本調査から、大学学士課程への社会人入学者数の経年変化を調べてみると、年々減少傾向にあります。高等教育機関は、まだまだ社会人の学びの場（リカレント教育の場）にはなっていないと言わざるを得ません。

図1-8　労働者の自己啓発実施割合および教育訓練機関の種類[3]

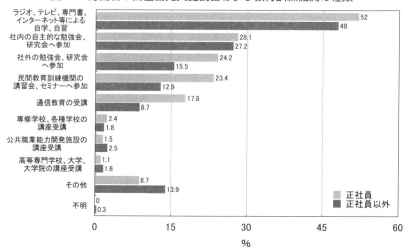

別のアンケート調査（大学卒業以上の学歴をもつ社会人を対象とし回収数1,791）[4]によるリカレント教育の受講意向を問う設問に対して、「教育を受けたい」と積極的に教育を受けたいと考えている人が2割程度、さらに「教育を受けることに興味がある」と肯定的な人を加えると9割近くに達しています。リカレント教育に対する認識は、これほどまでに高まっているわけですから、専門学校・大学関係者の更なる努力が期待されます。

第2節　循環型専門学校教育

社会がリカレント教育を求める理由は、社会人に「職業上必要な知識・ス

キル」を修得させる教育（キャリア教育）が喫緊の課題となっているからです。今までは、この機能は企業内の教育訓練が果たしてきましたが、諸般の事情により、人材育成を企業のみで行うことには限界があります。この状況については、第二部第2章（pp. 65-74）で詳細に分析します。いずれにしても、時代の変革とともに社会から求められる知識やスキルあるいはニーズは刻々と変化していきます。このために、一度学んだ知識やスキルが、この先長期間にわたって、変わらぬ価値があり、社会から求められ続けるとは考えられません。常に求められる価値の高い人材であり続けるためには、自律的にキャリアを選択し、生涯にわたって知識やスキルを自主的に学び続けることが不可欠です（コラム1-8）。

> ### コラム 1-8
> 「生涯現役」という意識に基づいた**自律的・自主的な学修活動**が重要である。

　すでに何度も強調しましたように、社会は高度化・多様化が急速に進みつつあり、多様なプロフェッショナルが求められていますから、どのような価値を求めるかは個々人の自らの判断によります。したがって、自主的な学び行動とそれに基づく自律的なキャリア・アップが肝要です。各高等教育機関が蓄積してきた経験を踏まえて、学ぶ側が求めるコンピテンシー[5]（知識、スキル、責任や自律性）に即した学修プログラムの拡充が重要です。一定の高等教育を受けた後の仕事の経験を適切に評価した上で、社会人のキャリア・アップあるいはキャリア・チェンジを支援するために有効な学修プログラムの設計・充実を図る必要もあります。とくに、専門学校は、リカレント教育を中心においた「循環型高等教育」によって、生産性の向上に貢献すべきでしょう。

　内閣府が実施した追跡調査[6]では、リカレント教育によってもたらされるさまざまなメリットが明らかになっています。リカレント教育学修者の年収は、ある程度の期間、継続的に学び続けることで、徐々に増加しています。

　非就労者（仕事をしていない人）が再就職をした就業率に関しても、リカレント教育学修者の方が、非学修者と比較して、学修開始後1年で11.1%、3年で13.8%高くなっています。仕事を退職し、早期に再就職をめざしている人にとっては、リカレント教育は有効な手段であると言えます。専門性の高い職業（AI関連などの分析・開発業務など）へのリカレント教育学修者の就業率は、学修開始後1年で2.8%、2年で3.7%、3年で2.4%と非学修者よりも高くなっています。リカレント教育は、定型的な仕事からのキャリア・アップをめざす人にとっても、有効であると言えます。

　リカレント教育は、個人だけではなく、企業にとってもメリットがあります。時代の変化に晒されるのは個人だけではなく、企業も同様です。経営環境やビジネスモデルの変化に伴って、従業員に求める知識やスキルも変化します。このような変化に対応する人材を確保するためにリカレント教育を推奨すべきです。結果として、企業の文化や風土、歴史を理解した従業員が、知識・スキルをアップデートし続けて、企業に貢献してくれる状況を保持することは企業経営にとっても大きなメリットとなります。

　このように、さまざまな効果が期待されるのにも拘らず、リカレント教育を受けている人の割合は、他国と比べて非常に少なくなっています。経済協力開発機構（Organization for Economic Co-operation and Development, OECD）のデータ⁽⁶⁾では、25〜64歳のうち大学等の教育機関（大学、大学院、短期大学、高等専門学校）で教育を受けている者の割合をOECD諸国で比較すると、日本は2.4%で、イギリス16%、アメリカ合衆国14%、OECD平均11%などと比較して大きく下回っており、データが利用可能な28ヵ国中で最低水準になっています。また、APAC就業実態・成長意識調査⁽⁷⁾（2019年）では、日本で働く人の46.3%が社外での自己啓発をしておらず、これはAPAC14ヵ国・地域の中で最も高い数値となっています。わが国の終身雇用制度の下では、リカレント教育は企業内の教育訓練に依存してきました。恐らく、日本人の「ウチ」意識（集団組織とタテのつながり、p.24）も影響して、リカレント教育の重要性がしばしば指摘されているにも拘らず、現状

では、リカレント教育という文化は定着していないことが示唆されます。

　日本でリカレント教育が低調な背景を考えるために、リカレント教育を受けたことがない社会人に対するアンケート結果[8]を分析しましょう。受けない理由のうち回答割合の高い上位5項目は、①費用が高すぎる37.7％、②勤務時間が長くて十分な時間がない22.5％、③関心がない・必要性を感じない22.2％、④自分の要求に適合した教育課程がない11.1％、⑤受講場所が遠い11.1％となっています。

　リカレント教育に対して社会人が障害を感じる要因のうち、「関心がない・必要性を感じない」および「適合した教育課程がない」は教育機関側の課題です。対応するコースに魅力なく、少なければ、需要とのマッチングが難しくなり、通学することが心理的・時間的な面からも困難となることは当然です。

　日本では、企業内教育が充実していたために、成人のリカレント教育への要求は、きわめて低くなっています。とくに大学や専門学校（以下「大学等」とよびます。）は、例外はありますが、社会人学生市場を狙った教育を行う動機を必ずしももっていません。大学等のカリキュラムは、高等学校卒業後すぐ大学に入学してくるフルタイム学生を想定して編成されており（18歳中心主義）、社会人学生のニーズには対応していません。最近、大学等も、減少する18歳人口の補填として社会人教育を考えざるを得なくなってきていますが、フルタイム学生用のメニューをそのまま使う傾向にあるようです。この発想を切り替えない限り、リカレント教育は成功しませんし、入学希望者は増えるはずがありません。非常に多数の教育訓練プロバイダーが存在しているわけですから、社会人にとって必ずしも大学等で学ぶ必要はないのです。

　大学等が実際にリカレント教育として提供しているカリキュラムと社会人学生・企業が期待するカリキュラムを比較してみましょう[9]（図1-9）。社会人の重視する割合が大学の重視する割合よりも高くなっている項目として、最先端にテーマを置いた内容や、幅広い仕事に活用できる知識・スキルを修得できる内容等があげられます。とくに、社会人は、比較的どの項目も広く

重視しているのに対し、大学等はより専門的な知識・スキルや研究に力を入れている点が特徴的です。これらの結果を踏まえると、リカレント教育を促進するためには、大学におけるコース設定に、より最先端の内容を扱う科目を入れることや、幅広く実務的な内容を取り入れることが重要と考えられます（コラム1-9）。

図1-9　カリキュラムとして重視してほしい（重視している）内容[9]

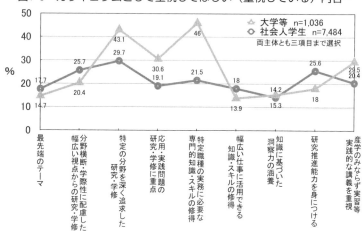

コラム 1-9

リカレント教育とは、個々人が、**新たな知識やスキルを身につけること**によって、社会において価値の高い人材となり、**社内での昇進、転職、新たなキャリアへの挑戦**などにつながる教育である。

専門学校は、キャリア教育としてプロフェッショナルあるいはスペシャリストの育成を目的としています。キャリア教育は、その目標や内容によって、4種類に分類できます[10]（表1-9）。リカレント教育は、キャリア・アップ、キャリア・リフレッシュ、キャリア・チェンジを含みます。ただし、大学・短期大学を卒業後に専門学校に再入学する例も増えていますから、キャ

リア・ゲットの一部もリカレント教育と考えてもよいのかもしれません。第
2章で議論しましたように、これから起こる急激な社会変化に対応するため
に、専門学校における新たな知識・スキルを習得する「循環型教育」が必要
性を増大していくことは確実です。

表1-9　キャリア教育の目標と内容

キャリア教育	教育目標	教　育　内　容
キャリア・ゲット （career get）	就職力	学校卒業後の就職・就社を目的と した実践的な教育
キャリア・アップ （career up）	専門力	在職または転職後により高度な専 門職への昇格に資する教育
キャリア・リフレッシュ （career refresh）	復職力	一定期間休職後に元の職場・職種 への復職に資する再教育
キャリア・チェンジ （career change）	転職力	現在の職場・職種よりも有利な職 への転職に資する教育

　循環型教育は、減少する18歳人口の補塡としての社会人教育と考えるべき
ではありません。社会人は、自ら働いて得たお金を拠出して、高い目的意識
をもって学んでいるのです。18歳とは異なるマーケットと考えるべきです。
したがって、循環型教育は、単に形式だけの問題ではなく、入学者選抜方法
に始まり、教育内容・方法、学修成果の評価方法に至るまで、新たな発想の
下での構築が必要です。これらに関しては、第二部で議論します。

第3節　リカレント教育推進制度と意識改革

　社会が求める人材像や企業の形態が刻々と変化するとともに、人生100年
時代を迎え、従来の単線型キャリア・パスではなく、仕事と教育とを往復し
ながら、さまざまな活動を行う人生のマルチ・ステージ化が急速に進んでい

ます（図1-6、p.22）。これらの変化に対応するために、人々は能動的に学び続け、価値観を絶えず更新することが必要になります。この観点から、社会人の学び直し（社会人学習、リカレント教育）のニーズが高まっています。リカレント教育の必要性は、すでに広く社会で共有されており、その拡充に向けて、内閣府、文部科学省、経済産業省、厚生労働省など関係省庁で検討が進んでいます。この節では、すでに制度化されたシステムについて概略を説明します。

表1-10　大学等における社会人受け入れ推進に関する取組

	概　　　　要
社会人特別入学者選抜	社会人を対象に、小論文や面接等を中心に行う入学者選抜
夜間・昼夜間開講制	社会人の通学上の利便のため昼間、夜間に授業を行う制度
科目等履修生制度	大学等の正規の授業科目のうち、必要な一部分のみについてパートタイムで履修し、正規の単位を修得できる制度
長期履修学生制度	学生が職業をもっているなどの事情により、修業年限を超えて一定の期間にわたり計画的に履修し、学位を取得することができる制度
通信教育	通信教育を行う大学学部、大学院修士・博士課程および専門学校
専門職大学院	高度専門職業人養成に特化した実践的教育を行う大学院
短期在学コース・長期在学コース（大学院）	大学院の年限を短期又は長期に弾力化したコース。ただし、短期在学コース制度は修士・専門職学位課程のみ
履修証明制度	社会人を対象に体系的な教育プログラム（60時間以上）を編成し、その修了者に対し、大学・専修学校等が履修証明書を交付できる制度
サテライト教室	大学学部・大学院の授業をキャンパス以外の通学の便の良い場所で実施する取組
大学公開講座	大学等における教育・研究の成果を直接社会に開放し、地域住民等に高度な学習機会を提供する講座

　大学、大学院、短期大学および専門学校において、社会人受け入れ推進の取組[11]が実施されています（表1-10）。リカレント教育に関するアンケート調査のいずれをみても、受けない（あるいは、受けられない）理由のうち回答割合の最も（断トツに）高いのが費用の問題です[8]。諸外国では、無料か、それに近い費用で大学等で学ぶことができます。しかしながら、国や自治体からの公的な支援が少ない日本では、たとえば大学院に進学するためには100万円／年以上の費用が必要です。この金額は、平均年収420〜440万円とすると20％を超えるでしょうし、学修のために費やす時間に対応する収入の減少まで考慮すると二の足を踏んでしまうことは当然です。とくに、30〜50歳代の働き盛り世代では、子供の養育費や親の介護負担とも重なる場合が少なくないでしょう。また、所属企業が負担するケースも少なくなっています。

　このような課題に応えるために、従来の教育訓練給付制度（1998年12月開始）に加えて、専門実践教育訓練給付制度[12]が開始（2014年10月より）されました（表1-11）。これは、働く人の主体的な能力開発の取組や中長期的なキャリア形成を支援し、雇用の安定と再就職の促進を図ることを目的として、教育訓練受講に支払った費用の一部を支援する制度です。この制度の所管は厚生労働省で、労働者の就業安定を目的とする雇用保険の枠組を利用して、被保険者期間等にかかわる一定の要件を満たした者が、厚生労働大臣の指定する講座［2,436講座（令和元年10月１日時点）][13]を受講した際に、その費用の一部が給付されます。なお、詳細については、他書[14]をご参照ください。

　対象となる講座は、当初は三類型でしたが、その後、新たな類型が追加され、2018年９月現在七類型となっています（表1-12）。どの類型についても、それぞれ講座修了者の就職・在職率や講座の定員充足率等の実績が一定以上の水準にあることが指定要件となっており、社会人の中長期的キャリア形成のための質保証が図られています。

　教育訓練給付金は、リカレント教育を受けた社会人個人が利用できる制度です。社員がリカレント教育を受けるために休暇を取得して教育訓練を受け

表1-11　教育訓練給付制度の概要

	一般教育訓練給付 （1998年12月～）	専門実践教育訓練給付 （2014年10月～）
対象	雇用の安定・就職の促進に資する教育訓練受講	とくに労働者の中長期的キャリア形成に資する教育訓練受講
給付内容	受講費用の20％（上限年間10万円）を受講修了後に支給	・受講費用の50％（上限年間40万円）を6カ月ごとに支給 ・訓練修了後1年以内に、資格取得等し、就職等した場合には、受講費用の20％（上限年間16万円）を追加支給
支給要件	在職者または離職後1年以内（妊娠、出産、育児、疾病、負傷等で教育訓練給付の対象期間が延長された場合は最大20年以内）の者	
	＋雇用保険の被保険者期間3年以上（初回の場合は1年以上）	＋雇用保険の被保険者期間3年以上（初回の場合は2年以上）

た場合、企業が助成金を受け取ることができる制度もあります。この制度では、規定する休暇の期間によって、「教育訓練休暇制度」「長期教育訓練休暇制度」に分けられています[15]。

　「新しい経済政策パッケージ」（2017年12月8日閣議決定）においては、2018年夏に向けての検討事項として、リカレント教育の拡充が掲げられています[16]。経済産業省の「我が国産業における人材力強化に向けた研究会」報告書[17]では、IT分野に限らず、広く社会人が学べる環境を作っていく必要があると提言しています。さらに、文部科学省の教育振興基本計画（2018年6月15日閣議決定）においても「職業に必要な知識やスキルを生涯を通じて身に付けるための社会人の学び直しの推進」が大きなテーマの一つになっており、2022年度までに実現すべき数値目標として、大学・専門学校での社会人

表1-12　専門実践教育訓練の対象講座

第一類型	業務独占資格・名称独占資格の養成施設の課程	養成施設の課程とは、国または地方公共団体の指定等を受けて実施される課程で、訓練修了で公的資格取得、公的資格試験の受験資格の取得、または、公的資格試験の一部免除が可能となる課程
第二類型	専門学校の職業実践専門課程等（キャリア形成促進プログラムを含む）	職業実践専門課程とは、専修学校の専門課程のうち、企業等との密接な連携により、最新の実務の知識等を身につけられるよう教育課程を編成したものとして文部科学大臣が認定したものキャリア形成促進プログラムとは、専修学校の専門課程・特別の課程のうち、キャリア形成促進プログラムと文部科学大臣が認定したもの
第三類型	専門職大学院	専門職学位課程
第四類型	職業実践力育成プログラム（BP）	職業実践力育成プログラムとは、大学・大学院・短期大学・高等専門学校の正規課程および履修証明プログラムのうち、社会人や企業等のニーズに応じた実践的・専門的プログラムとして文部科学大臣が認定したもの
第五類型	一定レベル以上の情報通信技術に関する資格取得を目標とする講座	一定レベル以上の情報通信技術に関する資格とは、ITスキル標準において、要求された作業をすべて遂行することができるとされているレベル3相当以上の資格
第六類型	第四次産業革命スキル習得講座	第四次産業革命スキル習得講座とは、高度IT分野等、将来の成長が強く見込まれ、雇用創出に貢献する分野に関する社会人向けの専門的・実践的な教育訓練講座（ITスキル標準レベル4相当以上）を経済産業大臣が認定する制度
第七類型	専門職大学・専門職短期大学・専門職学科の課程	専門職大学・専門職短期大学の正規の課程、大学が大学設置基準に基づいて設置する専門職学科の課程、短期大学が短期大学設置基準に基づいて設置する専門職学科の課程

受講者数100万人（現在の約２倍）を掲げています[18]。

　社会人学習が、これほど注目されたことは過去にありません。おそらく、日本の国際社会の中での存在感の低下に対する危惧の現れと思われます。これは、政策の問題だけではなく、高等教育機関（大学・大学院・短期大学・高等専門学校・専門学校）やそれらの構成員も大きな責任を負っています。高等教育機関は、減少する18歳人口の補填としての社会人教育という発想から脱却して、社会人のニーズを的確に把握した上で、それぞれ固有のプログラムを実施し、成果を産み出す責任が求められているのです。

　第一部の最後に、制度整備とともに、私たちの意識改革の必要性を強調したいと思います。日本型雇用システムにどっぷり浸かってきた私たちは、「自分から学ぶ」ことに慣れていません。終身雇用を前提として、職務を限定されずに採用されて、OJT（On-the-Job Training、日常業務につきながら行う教育訓練）やOff-JT（Off the Job Training、通常の業務から離れて行う教育訓練）などの企業主導の「受け身」の教育訓練によって職務の幅を広げてきました。このため、「必要な学びは企業から与えられるものである。」という意識が潜在的にあり、企業から与えられるものをこなしていけば、企業内でのキャリア・アップが実現してきたわけです。

　多くの日本企業は、時間をかけて職場で人材育成（OJT）を行うことによって、人的資本の形成を推進してきました。このような長時間のOJTが可能であったのは、職場での長時間労働が許容されていたことが背景にありました。しかし、「働き方改革」の一環として、労働基準法の改正（2019年４月施行）によって時間外労働の罰則付き上限規制が導入されました。この法改正に先駆けて、多くの企業は労働時間の削減を実施しました。このため、OJT等を行う時間的余裕がなくなるとともに、指導する人材の不足も目立ってきました[19]。さらに、Off-JTや自己啓発活動に対する従業員一人当たりの投資額も減少しています。

　このような状況で、増えた余暇時間を活用して、各個人が、自ら仕事に役立てる学修や技術・資格の取得などの自己啓発を行えば人的資本形成は維持

できるはずです。ところが、余暇時間を自己啓発に充てる人は年々減少しているのが実態です[20]。さりとて、長時間労働を前提とした従来の教育訓練投資のスタイルは変革しなければなりません。政策的なリカレント教育の推進に加えて、高等教育機関のあり方も抜本的に考え直す必要もあります。

　高等教育機関には、仕事に不可欠な知識・スキルを修得する場を提供することが求められています。企業には、労働者が、必要な時に一時的に仕事を中断して、学びの場に戻り学修に専念する機会を許容する体制を構築することが求められます。このように、学びへのインセンティブを与えることが最重要課題です。

　社会人の自己啓発活動に関して、心配なデータがあります。2007年度には56.3％の人が自己啓発活動を行っていましたが、2017年度では42.9％まで低下して、最近数年は40％前半が続いています[2]。また、年齢が高くなるほど業務外の学び（自己啓発活動）を行う人は減少し、50歳代は30％を下回っています[21]。日本的雇用システムの中で、若いうちに蓄積した経験やスキルに頼って一つの企業で勤め上げる人生は理解できます。しかし、職業人生が長期化し、産業構造が大きく変化するこれからの時代ではどうでしょうか？
さらに、活動の内容は、自学・自習が半数以上になっています（図1-8、p.34）。もちろん、自学自習は重要ですが、質保証された教育機関で本格的な学び直しを行うことが有効ではないでしょうか？

　社会全体で労働者への教育投資を行うことは不可欠です。しかしながら、各個人が、自律的なキャリア・デザインや独自のワークスタイルを模索する意識（あるいは文化）をもつことが重要ではないでしょうか（コラム1-10）。私たちは、遠い将来より今の楽しみを優先してしまう習性をもっています。危機感をもっていても、余暇を自らの人的価値を高めることに投入するためには、ある勇気が必要かもしれません。しかし、今や、自分を守るのは自分しかいないという自覚が、これからの社会を生き抜いていく上で求められているのです。

コラム 1-10

個人が**人生を再設計**し、一人ひとりのライフスタイルに応じた**キャリア選択**を行い、**知識・スキルを身につける**ことが重要である。

《注》

(1)　独立行政法人　労働政策研究・研修機構　労働政策研究報告書　No. 80（2007）教育訓練サービス市場の現状と課題
https://www.jil.go.jp/institute/reports/2007/documents/080_02.pdf pp. 33-39

(2)　厚生労働省　平成29年度能力開発基本調査
https://www.mhlw.go.jp/file/04-Houdouhappyou-11801500-Shokugyounouryokukaihatsukyoku-Kibansetsubishitsu/0000118619_8.pdf pp. 41-45

(3)　(2) p. 42を参考にして著者が作成

(4)　職業能力開発総合大学校能力開発研究センター調査報告書　No. 128（2004）
https://www.tetras.uitec.jeed.or.jp/files/kankoubutu/b-128-03.pdf p. 55

(5)　コンピテンシーとは、「単なる知識や技能だけでなく、さまざまな心理的・社会的なリソースを活用して、特定の文脈の中で複雑な要求（課題）に対応することができる力」と説明される。Glossary 4th Edition　高等教育に関する質保証関係用語集
http://www.niad.ac.jp/n_kokusai/publish/no17_glossary_4th_edition.pdf p. 54

(6)　内閣府　平成30年度年次経済財政報告　社会人の学び直し（リカレント教育）とキャリア・アップ　https://www5.cao.go.jp/j-j/wp/wp-je18/pdf/p02023.pdf

(7)　パーソナル総合研究所　APAC就業実態・成長意識調査（2019）
https://rc.persolgroup.co.jp/research/activity/data/apac_2019.html

(8)　文部科学省　社会人の大学等における学び直しの実態把握に関する調査研究報告書（2016）
https://www.mext.go.jp/a_menu/koutou/itaku/__icsFiles/afieldfile/2016/06/02/1371459_01.pdf

(9)　(8) p. 75を参考にして著者が作成

(10)　山中祥弘（2020）キャリア教育で夢を実現　専門職大学院で起業家精神を醸成　大學新聞　第178号（令和2年4月10日発行）

⑾　文部科学省　社会人の学び直しに関する現状等について
https://www.mext.go.jp/b_menu/shingi/chousa/koutou/065/gijiroku/
_icsFiles/afieldfile/2015/04/13/1356047_3_2.pdf p. 2

⑿　厚生労働省　教育訓練給付制度
https://www.mhlw.go.jp/stf/seisakunitsuite/bunya/koyou_roudou/
jinzaikaihatsu/kyouiku.html

⒀　厚生労働省　教育訓練内容別・都道府県別　専門実践教育訓練指定状況（2019）
https://www.mhlw.go.jp/content/11804000/000535098.pdf

⒁　乾喜一郎（2018）社会人学習への国の金銭的支援制度と今後の拡充の方向性
リクルート　カレッジマネジメント　210/May-Jun 2018 pp. 20-23

⒂　厚生労働省　人材開発支援金助成制度導入活用マニュアル
https://www.mhlw.go.jp/file/06-Seisakujouhou-11600000-Shokugyouanteikyoku/
0000213245.pdf

⒃　内閣府　新しい経済政策パッケージについて（2017）
https://www5.cao.go.jp/keizai1/package/20171208_package.pdf

⒄　通商産業省中小企業庁「我が国産業における人材力強化に向けた研究会」（人
材力研究会）報告書（2018）
https://www.meti.go.jp/report/whitepaper/data/pdf/20180319001_1.pdf

⒅　文部科学省　教育振興基本計画（2018）
https://www.mext.go.jp/content/1406127_002.pdf

⒆　厚生労働省　平成29年度能力開発基本調査
https://www.mhlw.go.jp/file/04-Houdouhappyou-11801500-
Shokugyounouryokukaihatsukyoku-Kibansetsubishitsu/0000118619_8.pdf
pp. 12-18およびpp. 1

⒇　黒田祥子（2019）労働時間削減がもたらした「副作用」との向き合い方　Wedge
Vol. 31 No. 10 pp. 17-19

㉑　リクルートワークス研究所　JPSED　全国就業実態パネル調査［データ集］
2017
https://www.works-i.com/research/works-report/item/170609_jpsed2017
data.pdf p. 80

第二部

生産性向上に資する
リカレント教育の
理論と技法

　第四次産業革命が急速に進展する一方で、人口減少や少子高齢化が予想以上の速度で進むとともに人生100年時代を迎えています。さらに、日本の伝統的な長期雇用を前提とした制度が崩れつつある中で、わが国の知的生産性を伸ばすことが、国際社会の中での存在感を保持するためには、危急の課題です。人工知能（AI）、ロボット、インターネット等の新技術は、驚異的な速度で展開しています。これらの技術革新は働く場所や時間の制約を小さくする効果がありますが、この技術そのものは、企業固有ではない部分が大きく、従来の企業内教育訓練よりも企業外で提供される教育訓練の方が効率的である可能性が高くなっています。

　厚生労働省の調査結果（平成29年版　労働経済の分析）では、次のような課題が明らかになっています。①６割以上の企業で教育訓練が実施されていません。②AIが労働時間の短縮や労働生産性の向上には資していますが、新しい付加価値の創出のために活用する企業は少数です。③就業者のスキル別に見ると二極化が進み、低スキル職種における就業者数が増加しています（アメリカ合衆国と比較して顕著）。④イノベーションの実現割合（一定期間内にイノベーションを実現した企業の割合）は、製造業・サービス業ともに国際的に低い水準（比較できるデータがある先進国の中で、わが国は最低水準）にあります。日本の国際的な存在感が認識されていた20世紀末当時から考えると、想像を絶する調査結果です。これから起こる産業構造の大きな変革が、さらに追い討ちをかけかねないことを懸念します。個々の内容に関して、ここで考察する紙面はありませんが、この第二部および次の第三部で随時議論します。

　このような状況下で、高等教育機関によるリカレント教育が渇望されます。大学（とくに、学士課程）は、高等学校卒業後すぐ大学に入学してくる学生（フルタイム学生）の教育に主な責任がありますから、大部分がフルタイム学生用のメニューをそのままリカレント教育に適用しています。これでは、リカレント教育は決して成功しません。むしろ、専門学校による日本の将来を見据えた組織的な取組（循環型高等教育、表1-9、p. 39）が期待されます。

第1章

企業内教育訓練からリカレント教育へ

　Society 3.0（工業社会）の日本では、終身雇用を前提とした企業内教育訓練が十分機能し、わが国の国際的存在感を高めることに大いに貢献しました。しかしながら、情報技術の大幅な進歩に伴って、製造業中心の社会からサービス業中心の産業・社会構造への変革が進んでいます。これによって、人材に求められる能力、能力開発の方法、さらには付加価値・生産性の考え方も激変しています。教育関係者には、今までの経験、手法あるいは思い入れに囚われない、これからの社会の動向を視野に入れた新たな人材の育成が期待されています（図2-1）。

図2-1　生産性向上に向けて

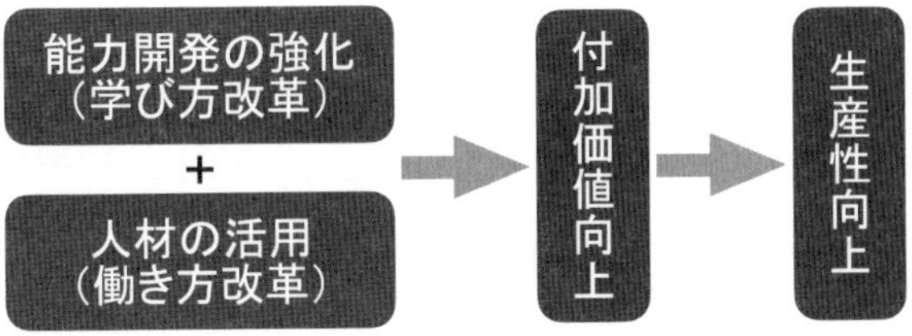

第1節　企業内教育訓練の機能低下

　企業内教育訓練とは、従業員に仕事上必要な知識、技能、態度などを修得させるために、企業自らが実施する教育訓練です。近代日本における企業内教育訓練の歴史から簡単にみてみましょう。明治時代には、徒弟制度があり、一部企業に見習工制度も設けられていました。大正・昭和初期から第二次世界大戦中にかけては、養成工制度が発展した技能工の企業内養成制度

が、先進企業で本格的に設けられ、伝統的な徒弟制度、企業内工業学校、職工長クラスの人材を養成する企業内技手学校等がありました。そして、第二次世界大戦後に、それまで手工業段階で支配的であった熟練職人養成のための徒弟制度に代わって、企業内教育訓練が整備・体系化されました。とくに、高度経済成長期（1954～1970年）の設備近代化の中で、大企業を中心として企業内教育訓練の体制が、「能力開発」という名の下で、総合化・体系化されました（表2-1）。

表2-1　企業内教育訓練

OJT （On the Job Training）	日常の業務を通じて、職場の上司や先輩が、部下や後輩に対し具体的な仕事を与えて、その仕事を通して、必要な知識・技術・技能・態度などを意図的・計画的・継続的に指導し、修得させることによって全体的な業務処理能力や力量を育成する活動
Off-JT （Off the Job Training）	通常の業務を一時的に離れて行うもの。通例、職業訓練施設や教育機関で集合研修、講習会、通信教育等の形態をとり階層別・職能別教育が多い。現場の状況に左右されない、均一な知識習得の機会を提供する意味で効果的な取組
自己啓発	自己を人間としてより高い段階へ上昇させようとする活動であり、小集団活動や昇進と結合している場合が多い。

　終身雇用を前提として、長期的な人材形成という視点から新規学卒者を基幹労働力化していく日本的なあり方が、企業内教育訓練（とくにOJT）を必要不可欠なものとしていました。しかし、バブル崩壊（1991～1993年）後の不況下では、長期継続雇用を前提としない専門的な能力を有する人材の活用も提起され、企業内におけるOJTの意義は相対的に低下しました。さらに、雇用の流動化によって、能力開発上の重点が、「社外にも通用する能力」に移り始めて、社会的資格の取得に向けた自己啓発やその支援も、企業内教育訓

練における役割となってきました。もちろん、製造業等における中核的労働者の育成という視点からの企業内教育訓練は、依然として重要であることは言うまでもありません。

1．教育訓練を実施する企業数および教育訓練費の減少

　日本では、6割以上の企業で教育訓練が実施されていないというデータがあります[1]。さらに、民間企業における一人当たりの教育訓練費は、1991年をピークに、それ以降減少傾向にあり、人的資本の蓄積にも不安を抱えています[2]。急激に進む技術革新に対応するためには、教育訓練のあり方を根本的に考え直す必要があります。技術革新に伴う新たな学び方・働き方として、情報技術を活用したオンライン学習やテレワークなどの導入が必定です。たとえば、国際的にみても、わが国の教育機関におけるデジタル機器利用は、OECD加盟国の中で最低水準となっています[3]。時間や場所を自由に選択できる雇用によらない働き方（ギグ・ワーク、p. 27）が、今後わが国でも広がっていくことが推測されています。

　日本の現況を理解していただくために、いくつかのデータを紹介しましょう[1]。職種別就業者の動向（1995年と2015年の比較）を図2-2に示します。なお、期間中に職業分類が改訂されておりますので、ご留意ください。職業別就業者構成割合の長期的(1995年以前を含めて)な推移を調べてみますと、農林漁業作業者の割合が、1950年には最大（全体の48％）でしたが、1970年には17％まで減少し、その後も減少し続けています。生産工程従事者については、高度経済成長期に大幅に増加し、農林漁業作業者を1965年に上回り、1970年には全体の約3割に達しました。その後、減少傾向となり、2015年には2割を下回っています。その一方、専門的・技術的職業従事者が約6％（1970年）から16.5％（2015年）へ、事務従事者が15％（1970年）から19.7％（2015年）へ、それぞれ上昇しています。いわゆる、ホワイトカラー中心の職種構成に変貌していることが窺えます。

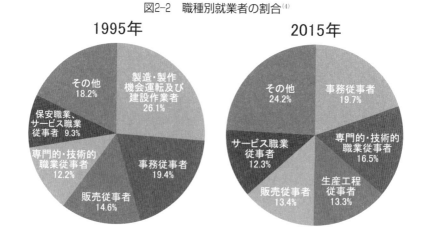

図2-2　職種別就業者の割合[4]

1995年

2015年

　職種別に労働移動の状況[5]について、1990年と2015年を比較すると、職業全体をみても転職入職者の割合は上昇し、人数も増加しています。とくに、サービス職業従事者、専門的・技術的職業従事者は転職入職率、人数ともに大きく増加しています。このように、職種構成の変化とともに、労働移動も盛んになっており、わが国の伝統的な日本型雇用システムが崩れていることが窺えます。

　つぎに、OECDのAutomation and Independent Work in a Digital Economy[6]に準じて、高スキル22職種を「管理職」「専門職・技師、准技師」など、中スキル22職種を「事務補助員」「サービス・販売従事者」など、低スキル22職種を「定型的業務の従事者」などと定義して、日本、アメリカ合衆国、イギリスの三国の傾向を比較します（図2-3）。三国とも、中スキル職種の就業者が減少し、低スキル職種、高スキル職種の就業者が増加するスキルの二極化の傾向にあります。しかしながら、日本は高スキル職種の上昇率が低い（「専門職・技師、准技師」が増加しているものの「管理職」が減少しており、全体としてはほぼ横ばい）のに対して、アメリカ合衆国とイギリスでは、低スキル職種と比較して、高スキル職種の上昇率が高くなっており、

高スキル職種である非定型分析業務や非定型相互業務が顕著に増加し、1980年代以降その増加が加速しています。EU諸国でもイギリスでもアメリカ合衆国と同様な傾向がみられます[6]ので、わが国の高スキル職種の上昇率が低く、低スキル職種の増加が顕著です。この低スキル職種の就業者の増加について、下記のように分析されています[1]。

① 製造工程の自動化など製造業を中心としたイノベーションの時と異なり、バブル崩壊後の1990年代後半以降のイノベーションの原動となった「IT革命」に遅れたこと。

② 1990年代以降低成長が続き、企業が非正規雇用労働者を増やすことにより、人件費の削減を行い、その結果低スキル職種における就業者の増加につながった可能性がある。

図2-3　スキル別職種の就業者数の1995年から2015年への上昇率[7]

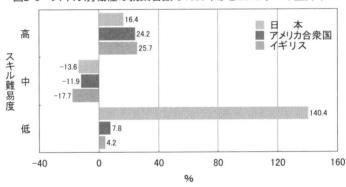

2．イノベーション推進のための人材不足

日本のイノベーションの実現状況は、製造業・サービス業いずれも国際的に低い水準にあります（図2-4）。このデータは、国によって多少集計年度は異なりますが、最近2年間のプロダクト・イノベーション（表1-3　p.13）を示しています。わが国について、2000年代以降の推移を確認しますと、製造業、サービス業に限らず、いずれの産業も、イノベーションの実施割合は

低下傾向となっていました。イノベーション活動の阻害要因として、約7割の企業が「能力のある従業者の不足」をあげています。

図2-4　イノベーションの実現状況[1]

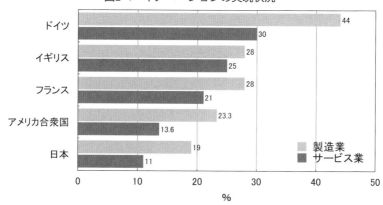

以下は、著者の分析です。日本人は、定型的な業務を実行する能力は優れていますし、教育内容・手法もそれに対応してきたと思います。しかし、第一部から何度も強調しましたように、定型的業務はコンピュータ等に任せて、私たち人間は非定型的な業務に挑戦しなければならない時代に突入しているのです。アメリカ合衆国やイギリスと比較して、わが国では、この意識が不十分であり、学び方・働き方改革が不可欠です。もちろん、国や組織全体の改革は必要ですが、個々人の意識改革がもっと重要かもしれません（コラム2-1）。国全体として、高スキル職種から低スキル職種の人材のバランスが重要であり、わが国の危急の課題は、高スキル職種の人材の養成でしょう。

コラム 2-1

学び方改革
・これからの社会にとって**高付加価値をもつ人材**を育てなければならない。
・社会は大きく変化しており、**内容・手法の変革**が必要である。
・「**変えたくない**」「**変わりたくない**」DNAは、国・組織を滅ぼす。

第2節　リカレント教育

　日本では過去長年にわたり業務遂行上に必要な能力が、多くの場合、企業
内教育訓練によって培われてきました。しかし、第1節で考察しましたよう
に、最近の予測を超える社会環境の変化への対応は、企業による教育訓練の
みでは限界があることが明確になってきました。企業による教育訓練以外の
就業後の教育訓練は、「リカレント教育」という概念で推進されています。
リカレント教育は、コラム2-2のように定義されています。

> **コラム 2-2**
>
> **リカレント教育**とは、
> 生涯教育を発展した概念であり、
> **職業能力向上に資する高度な知識やスキル**などを生涯にわたって、**繰り
> 返し学習する**こと。

　リカレント教育（recurrent education）は、スウェーデンの経済学者ゴス
タ・レーン（Lars Gösta Rehn）が提唱した概念です。スウェーデンのオロ
フ・パルメ（Sven Olof Joachim Palme）教育相（当時）が、これを第6回
欧州教育相会議（1969年）において取り上げ、経済協力開発機構（OECD）
が公式に採用（1970年）して、「リカレント教育：生涯学習のための戦略」
報告書[8]（1973年）を公表しました。この報告書では、青少年期という人生
の初期にのみ集中していた教育を、個人の全生涯にわたって、労働・余暇・
その他の活動とを交互に行うように提案しました。そして、この教育改革を
「血液が人体を循環するように、個人の全生涯にわたって循環させよう。」
と表現しています。すなわち、OECDの提唱するリカレント教育は、個人が
社会の急速な変化に対応していくためには、生涯を通じての教育が必須であ
り、従来は人生の初期にのみ集中していた教育へのアクセスを、すべての
人々の全生涯にわたり分散・循環させるという考え方が基盤となっています

（表2-2）。この考え方は、国際的に広く認知され、1970年代から教育政策論として各国に普及しました。

表2-2　リカレント教育と企業内教育訓練との相違点

リカレント教育	・企業等における職務を中断して高等教育機関で学ぶ。 ・労働市場での価値向上をめざす。 ・自ら主体的に何を学ぶかを選択する。
企業内教育訓練	・働きながら職務に関係するスキル等を学ぶ。 ・企業内での評価向上につながる。 ・企業の人事戦略によって訓練内容が決まる。

1．生涯教育とリカレント教育に関する文部科学省の考え方

　生涯教育（lifelong learning）とは、主に学校教育を終えた後の社会人が、大学等の教育機関を利用した教育をさして、「人々が自己の充実・啓発や生活の向上のために、自発的意思に基づいて行うことを基本とし、必要に応じて自己に適した手段・方法を自ら選んで、生涯を通じて行う学習」という定義（昭和56年の中央教育審議会答申「生涯教育について」より）が広く用いられています。文部科学省「生涯学習社会の実現」[9]の内容から、生涯学習は次のように要約されます。

- ・人々が生涯に行うあらゆる学習（学校教育、家庭教育、スポーツ活動、ボランティア活動、企業内教育、趣味など）
- ・豊かな人生を送ることができるよう、生涯にわたり、あらゆる機会・場所において行う学習

　すなわち、生涯学習とは、人が生涯にわたって行うあらゆる学習のことをさしており、その中には、趣味やスポーツ、ボランティア活動等、生きがいとして学ぶ学習活動も含まれます。また、生涯学習の大きな目的は、豊かな人生を送るために生涯にわたり学び続けることです。

　リカレント教育と生涯学習は混同されがちです。実際、大学などの社会人

を対象としたリカレント教育が、「生涯学習講座」と名づけて開講されている場合も多く、明確に区別されていないことも多いようです。両者は、それらの目的や内容が異なりますので、区別できるように整理しました（表2-3）。リカレント教育は「仕事に活かす」ことを目的としているのに対して、生涯学習は「より豊かな人生を送る」ことを目的としています。内容的には、リカレント教育は、あくまでも仕事に活かせる知識・スキルの修得をめざすために、趣味や生きがいを目的とした内容は含まれません。一方、生涯学習の場合には、仕事に活かせる知識・スキルだけではなく、趣味、スポーツ、ボランティアなど、仕事には必ずしも直結しないものも含まれます。リカレント教育よりも生涯教育の方が広義の言葉であり、リカレント教育は生涯教育の一つと考えるのが妥当でしょう。わが国では、「生涯学習」は高齢者の趣味的な学びというイメージでした。それはそれなりに意味があることですが、国際的に議論されてきた生涯学習（lifelong learning）は、より若い世代を念頭に入れた職業能力を高めることを目的とした学びです。現在、政府が掲げている「社会人の学び直し」は、まさにリカレント教育であり、諸外国のそれに近いものです。

表2-3　リカレント教育と生涯教育との相違点

	目　的	内　　　容
リカレント教育	仕事に生かす	働くことを前提として、仕事に活かせる知識・スキルを学ぶ。 趣味や生きがいを目的とした学びは含まれない。
生涯学習	より豊かな人生を送る	仕事に活かせる知識・スキルだけではなく、趣味やスポーツ、ボランティアなども学ぶ。 仕事に直接つながらないものも含まれる。

　OECDの提唱したリカレント教育は、学校教育を人々の生涯にわたって分散させようとする理念であり、職業上必要な知識・スキルを修得するために、フルタイム就学とフルタイム就職とを繰り返すことです。これに対し

て、終身雇用の慣行が根づいていた日本では、従来から仕事に必要な知識・スキルの修得は、企業内教育訓練に依存してきた経緯があり、「正規学生として学校へ戻る」という本来の意味でのリカレント教育が実施されることはほとんどありませんでした。このような事情から、文部科学省では、「リカレント教育」を「社会人の学び直し」と諸外国より広く捉えて、学ぶ目的として、職業上必要な知識・スキルの修得のために学ぶ場合や心の豊かさや生きがいのために学ぶ場合、さらに、学ぶ方法として、企業などで働きながら学ぶ場合や、職業志向よりも心の豊かさや生きがいのために学ぶ場合、教育機関（大学や専門学校）以外の場で学ぶ場合なども含めています[10]。この意味では、成人の学習活動の全体に近い概念と言えます。

　広義のリカレント教育の具体例としては、多くの大学で採用されている社会人特別選抜制度、単位の累積による学位取得も可能な科目等履修生制度、夜間部・昼夜開講制、通信教育や公開講座、専門職大学院の創設、サテライトキャンパスの設置等さまざまな取組が行われています（表1-10、p. 40）。また、趣味や生きがい・教養のために学ぶ講座(いわゆるシニア向けの講座)のみならず、語学系・資格取得系の講座、特定のスキルを身につける実践的な講座に至るまで、多様な種類の講座が開講されています。さらに、独立行政法人大学改革支援・学位授与機構による学位授与事業や、放送大学の提供する教育プログラムなどもリカレント教育の機能を果たすものと考えています。

　わが国のリカレント教育は、職業上必要な知識・スキルを修得する目的以外に、心の豊かさや生きがいを求める、いわゆる定年退職後のシニア向けの生涯学習も含んでおり、広い定義となっています。これに対して、諸外国で一般的に認知されているリカレント教育は、生涯学習の一部ではありますが、働くことが前提の学びであり、仕事でのスキル・アップ、キャリア・アップ等をめざす目的で受ける教育をさしており、シニアの生涯学習などは含まれず、趣味や生きがいを目的として受ける学びではないと考えるべきです。なお、リフレッシュ教育[11]が、リカレント教育のうち、①職業人を対象とした、②職業志向の教育で、③高等教育機関で実施されるものとされてお

り、むしろ諸外国でのリカレント教育に近い概念と言えます。

２．日本のリカレント教育の現状分析とリカレント教育が求められる背景

　リカレント教育の普及状況を推測できるデータは多種類ありますが、ここでは高等教育機関（４年制大学）への25歳以上の入学者の割合をみてみましょう（図2-5）。わが国は、国際的にみて、この割合が最低レベルになっています。オランダやベルギーが近い割合を示していますが、両国では近隣諸国（ドイツ、フランス、イギリスなど）や他のEU諸国との学生交流が積極的に実施され効果をあげていますから、わが国とは教育環境が大幅に異なります。したがって、数字だけで単純には比較できません。

図2-5　高等教育機関への25歳以上の入学者の割合[(12)]

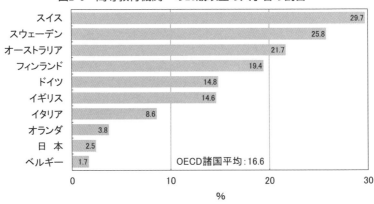

　リカレント教育が成功している国では、一般的に労働者の流動性が高い傾向にあります。「仕事に必要な知識やスキルの修得は教育機関で行い、入社後はすぐ実践で活躍してもらえる人材を選ぶ。」という文化があるわけです。ここが、従来の日本の伝統とは異なる点です。図2-5では、国際的比較の容易な４年制大学総体を取り上げていますが、分野や個々の大学によって状況も異なるでしょう。また、専門学校の中には、高等学校卒業直後の学生の割

合が、全在学生の四分の一以下となっている学校もあります。しかし、高等教育機関全体のリカレント教育に対する取組状況（表1-8　p. 33、図1-6　p. 22）も含めて総合的に判断しますと、わが国のリカレント教育の現状は、驚くほど低調で、さらなる積極的な寄与が望まれます（コラム2-3）。

> **コラム 2-3**
>
> 18歳で入学してくる学生を中心とした教育体制（**18歳中心主義**）から脱却して、高等教育は、**多様な価値観が集まる場**へ転換しなければならない。

　リカレント教育に関して、高等教育機関が受講者の希望に対応できていないことが懸念されます。企業の８割以上が、外部教育機関として民間の教育訓練機関を活用しており、大学（大学院を含む）、短期大学、高等専門学校、専門学校を合計しても１割をわずかに超える程度です[13]。大学等を活用しない理由として、上位から「大学等を活用する発想がなかった」「大学等でどのようなプログラムが提供されているか分からない」「他機関に比べて教育内容が実践的ではなく現在の業務に生かせない」と続き、広報活動を含めて大学等のリカレント教育に取り組む姿勢が問われています（図2-6）。

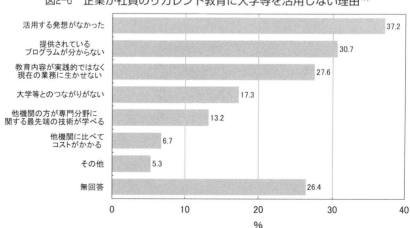

図2-6　企業が社員のリカレント教育に大学等を活用しない理由[14]

　リカレント教育が求められる背景を、これまでに言及した内容ですが、簡単にまとめます（コラム2-4）。技術革新の速さや社会環境変化の大きさに対応するためには、「これまでの知識・スキルのアップデート」や「新たな知識・スキルの修得」が不可欠です。かつては学校における教育課程を修了した後、企業に就職して定年まで働く「終身雇用」が一般的でしたが、雇用の流動化が進み終身雇用制度が崩れています。そのため、従来のような企業主体の社内教育訓練だけに頼るのではなく、自らが学びの機会を作り、自分のキャリア・パスに合わせて、自律的に学修する必要があります。少子高齢化社会、人生100年時代では、男女問わず若者から高齢者まで誰もが、それぞれの能力を最大限に発揮して活躍することが求められます。定年退職後の再雇用・再就職、育休・産休後の仕事復帰など、あらゆる世代がキャリア・アップをめざすためには、絶えず新たな知識・スキルを身につけることが肝要です。さらに、目の前の仕事の延長上にはない革新的な思考を修得する場も必要でしょう。

コラム 2-4

リカレント教育が必要とされる背景
①　急速な技術革新と社会の変革　➡　**新たな知識・スキルの修得**
②　雇用の流動化　➡　**自分のキャリアパスに対応した自律的な学修**
③　人生100年時代と少子高齢化　➡　**一億総活躍社会**

《注》
⑴　厚生労働省　平成29年版　労働経済の分析—イノベーションの促進とワーク・ライフ・バランスの実現に向けた課題—
　　https://www.mhlw.go.jp/wp/hakusyo/roudou/17/dl/17-1-2.pdf
⑵　内閣官房人生100年時代構想推進室　リカレント教育　参考資料（2018）
　　https://www.kantei.go.jp/jp/singi/jinsei100nen/dai6/siryou1.pdf
⑶　デジタル対応　20年遅れ（2020）教育改革　日本経済新聞朝刊　2020年（令

和2年）7月7日

⑷　⑴ p. 109を参考に著者が作成

⑸　厚生労働省　平成29年版　労働経済の分析　付属統計図表
　　https://www.mhlw.go.jp/wp/hakusyo/roudou/17/dl/17-1-e.pdf　p. 190

⑹　OECD（2016）Automation and Independent Work in a Digital Economy.
　　https://www.oecd.org/els/emp/Policy%20brief%20-%20Automation%20and%
　　20Independent%20Work%20in%20a%20Digital%20Economy.pdf

⑺　⑴ p. 108を参考に著者が作成

⑻　Centre for Educational Research & Innovation（1973）Recurrent Education:
　　A Strategy for Lifelong Learning. OECD Publications. 日本語訳：教育調査/
　　文部科学省編　第88集（1974）リカレント教育：生涯学習のための戦略

⑼　文部科学省　生涯学習の実現
　　https://www.mext.go.jp/b_menu/hakusho/html/hpab201901/detail/1421865.
　　htm

⑽　文部科学省　生涯学習時代に向けた大学改革―高等教育へのアクセスの拡大
　　https://www.mext.go.jp/b_menu/hakusho/html/hpad199501/hpad199501_2_
　　093.html

⑾　文部科学省　リフレッシュ教育の推進
　　https://www.mext.go.jp/b_menu/hakusho/html/hpad199301/hpad199301_2_
　　135.html

⑿　⑵ p. 12を参考に著者が作成

⒀　文部科学省　社会人の大学等における学び直しの実態把握に関する調査研究
　　（2016）
　　https://www.mext.go.jp/a_menu/koutou/itaku/__icsFiles/afieldfile/2016/06/
　　02/1371459_03.pdf

⒁　⒀ p. 113を参考に著者が作成

第2章

リカレント教育が日本の生産性向上に貢献するために

　少子高齢化社会において、社会全体で持続的に価値を産み出し続けるためには、一人ひとりが時間当たりで産み出す価値を増大させる「生産性」の向上が不可欠です（第一部第3章　p.31）。個々人の価値を高めるために、リカレント教育が期待されます。しかしながら、日本の高等教育機関で学び直しを行う社会人の割合は国際的にみても非常に低く（図2-5　p.61）、実践的で質の高いリカレント教育を提供している教育機関が限られているものと思われます。

　多くの高等教育機関は、減少する18歳人口の補塡として、留学生を考えてきました。しかし、最近の新型コロナウイルス感染症対応のために、留学生の再入国あるいは新規入国が非常に難しくなっています。「新型コロナウイルス問題が解決すれば従来の状況に戻る。」という考えは、あまりにも楽観的すぎます。諸般の事情（周辺諸国の動向など）を考慮すると「新型コロナウイルス問題以前の状態には戻らない。」と考える方が妥当でしょう。高等教育機関が考えるべきは、社会人を対象としたリカレント教育です。リカレント教育の需要は、増加することは確実で、減少することはあり得ません。さりとて、高等学校卒業した学生に対する教育と同じような内容や手法を適応することは禁物です。社会人は、自ら働いて得たお金を拠出して、高い目的意識をもって学ぼうとしているわけですから、入学者選抜からカリキュラムデザイン、教育内容・方法に至るまで、18歳とは異なる対応が求められます。

　終身雇用制度が崩れつつある状況で、かつ労働人口が減少していく中で、国や組織の発展のためには、リカレント教育は有力な選択肢の一つです。

第1節　リカレント教育のあり方

　中央教育審議会答申「2040年に向けた高等教育のグランドデザイン」は、リカレント教育の重要性を強調しつつも、従来のリカレント教育に対しては非常に厳しい指摘をしています（表2-4）。OECD日本教育政策レビュー[2]でも、わが国の生涯学習への参加率の低さの要因は、成人の時間的および経済的な制限、教育内容が労働市場との関連性に欠ける点、関心または動機の欠如と分析しています。そして、生涯学習率を高めるためには、学習が労働市場のニーズに沿ったものであること、失業者または積極的に労働市場に関わっていない者の就職支援につながること、そして学ぶ時間が限られている労働者が参加できるようにすることを求めています。

表2-4　中央教育審議会のリカレント教育に対する指摘[1]

> 従来行われてきたリカレント教育は、必ずしも学修者の視点に立っておらず、リカレント・プログラムの内容や供給数、実践的な教育を行える人材の確保、受講しやすい環境の整備などが課題である。

　リカレント教育のあり方は、知的生産性（intellectual　productivity）、知的多様性（intellectual diversity）および知的流動性（intellectual mobility）という三つの異なる視点[3]から捉える必要があります。これらの視点は、相互に深く関連していますが、以下それぞれについて議論します。

1．知的生産性

　「生産性」は、広辞苑第七版では「生産過程に投入された労働力その他の生産要素が生産物の産出に貢献する程度」と定義されていますが、教育の生産性について、著者は「知的生産性」とよんでいます。これは、学生が、何を学んで、何ができるようになるかという学修成果（学生の能力）を産み出

す状況をさします（コラム2-5）。学修成果の具体的内容については、第3章で詳しく議論します。

コラム 2-5

知的生産性（教育の生産性）＝**学修成果**／投入した**時間と資金**

　あえて「生産性」を最初に取り上げた理由は、上述の「18歳とは異なる対応」の必要性をご理解いただくためです。具体的な対応策については、次の第2節で解説します。わが国の初等・中等教育は、指導要領等で規定されているために、比較的にレベルが均一で、高等教育の入学者選抜は主に入学試験（いわゆる「学力」試験）により実施されています。これを前提に入学後の教育内容・方法等が構築されています。

　一方、リカレント教育の環境は全く異なります。入学希望者は、教育課程を終了した後、企業等での職業経験をもっていますから、一人ひとりが異なった職業経験に基づいて、自らのキャリア・デザインを描いています。さらに、同じ職種の中でさらなる飛躍をめざす「キャリア・アップ型」と、これまでのキャリアとは異なる領域に挑戦しようとする「キャリア・チェンジ型」とでは、求める学修成果やカリキュラムも異なるでしょう。したがって、各個人が求める学修成果は相違しますし、当然、履修科目や在学期間も異なってきますので、一人ひとりに対するきめ細かな学修指導が重要となります。入学者選抜についても、「学力」は当然ですが、それ以上に職業経験を含めた「職業適性」を見極めることが必要です。

　リカレント教育に対する公的な支援制度は充実しつつありますが、依然として個人負担が多くなっています[4]。リカレント教育の障害要因（図2-7）として「費用が高すぎる」がトップにあがっており、当然ながら、資金も大きな要因となっていることが窺えます。

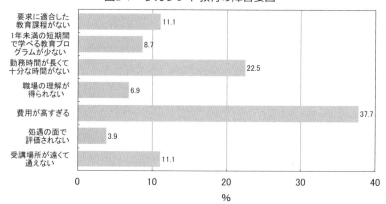

図2-7　リカレント教育の障害要因[5]

このように、リカレント教育の受講判断のためには、知的生産性の分子も分母（コラム2-5）も不可欠な情報です。投入する時間や資金に見合う学修成果が期待できれば、受講希望者は増加します。教育機関は、これらの情報を提供する責任があります。専門学校や大学等のリカレント教育が低調な一つの原因は、情報提供にも問題があるのではないでしょうか。企業が社員のリカレント教育に大学等を活用しない理由（図2-6、p. 62）の上位三項目とも、情報不足に起因することが窺えます。

2．知的多様性

　知的多様性については、すでに議論してきましたが、日本の高等教育機関に共通する問題に言及します。とくに、大学の学士課程は、学力試験で入学者選抜を行いますので、学力レベルが同じような集団となります。さらに、25歳以上の入学者は非常に少ない（図2-5、p. 61）ですから、18〜22歳の比較的均質（homogeneous）な集団になります。このような環境を好む傾向が日本人にはあります。しかしながら、学生には、世界は異種の人やモノ（heterogeneous）から成り立っていることを意識させ、その中で生き抜く能力をつけさせることが、高等教育の最も重要な機能でしょう。たとえば、

アメリカ合衆国では、学生の中にマイノリティー（minority）を一定割合以上在学させないと公的な支援を受けられないという仕組みとなっており、教育関係者は「学生集団を社会と同じようにする。」という意識をもっています。

　リカレント教育では、分野や教育セクターの枠組を超えて移動する場合が多くなりますから、受講者の学修歴や職業経験は重要な情報です。「学位」は、知識や能力等の証明ですから、在学中に何を学んだかを社会に示す役割があります。ところが、現状では、大学等が自由に学部・学科や学位の名前をつけられるようになっており、2013年度には、学士694種、修士687種、博士443種にまで達しています(6)。しかも、当該大学にしか存在しない名称が、約6割を占めているとも言われています。諸外国で発行されているディプロマ・サプリメント（diploma supplement）が必要でしょう(7)。

　専門学校の修了者には、高度専門士あるいは専門士の称号が与えられます。この称号は、学校教育法で学位と規定されていないものであり、学位ではありません。法令上の学位は世界的通用性を保証するものとされていますが、これらの称号はあくまで日本国内でのみ通用するものとされています。

　これまでは、設置の規制を緩和したり、機能別分化を促進したりすることで、個々の高等教育機関の個性化・特色化が積極的に進められてきました。この結果、全体の多様化が大いに進む一方で、各分野の教育においては、最低限の共通性が必要であるという議論は、必ずしも重視されてきませんでした（コラム2-6）。このように過度に細分化された状態が、学生の学修成果を社会に示すものとして適切なのか、能力の証明としての学位・資格の国際通用性を阻害するおそれはないのかなど、懸念をもたざるを得ない状況です。

コラム 2-6

多様性やユニークさを競うあまり、過度に細分化しすぎた状況が垣間見える。今や、国際通用性が求められる流れの中で、高等教育に必要な**共通的なルール作り**（標準化）を考えるべきである。

3．知的流動性

　異なる教育セクター間の移動や、国内外の機関間の移動のためには、移動前の教育機関で獲得した単位の認定や、学位・学修履歴の認証が必要になります。また、学位・学修履歴の認証の視点も、教育のインプットから学修成果（アウトカムズ）へ変化しています。そして、職業経験、企業研修、地域貢献ボランティアなども学修成果として単位認定される例もあります。分野によっては、それぞれの分野固有の資格が決められていますが、他分野から資格名だけからは、学生が身につけた学力や能力が理解しにくい例が多数あります。このような現状を踏まえると、高等教育の資格（qualifications）と資格枠組（qualifications　framework）に着目する必要があり、第3章第2節（p.79）で詳細を議論します。資格とは、学校教育、職業訓練、高等教育、生涯教育などにより獲得したコンピテンシーの証明です。資格枠組は、生涯を通じて、国を越えて、また国内において、学修者や就業者の学修・訓練および移動に有用な情報を提供することが期待できます（コラム2-7）。

コラム 2-7

資格枠組の効用
・**学修経路の明確化**
・異なる**教育セクター間の架橋**
・多様な**学修成果の認証**

　これまでは、専門学校総体の状況をもとに説明してきましたが、リカレント教育に積極的に取り組んでいる専門学校や大学[8]もあり、それらの事例を参考にして次の第2節の議論を進めます。注目される専門学校では、高等学校からの入学者は、全学生の四分の一以下であり、社会人学生の比率が四分の三を超えています。その年齢構成も、20歳代3割強、30歳以上が4割を超えています。この学校では、社会人がマジョリティとなっているわけですが、社会人学生のニーズを的確に把握し、対応がとられています。この専門

学校も、2013年の社会人学生の割合は40％以下だったのですから、その後の努力は、高く評価できます。

第2節　リカレント教育を機能させるための対応

　リカレント教育が有効に機能するためには、第1節で言及した内容について、入学者選抜、カリキュラムなど教育内容・手法、学生指導、学修成果の把握などを的確に実施することが肝要です（コラム2-8）。重要なポイントは、時代の変化に対応した実践的で機動的な教育プログラムおよび学修成果を示す質保証システムです。なお、学修成果については次の第3章で、質保証については第三部第3章（pp. 141-158）で、それぞれ議論します。もちろん、経済的支援も重要テーマですが、これらについては、第一部第3章第3節（p. 39）および他書[9]をご参照ください。

> **コラム 2-8**
>
> リカレント教育は、18歳中心主義を脱却して、**社会人が「学びたい、学んでよかった」と思える仕組み**を構築する。

　社会人学生を一括りで捉えることは不可能で、一律の試験（ペーパー・テスト）だけに頼ることは無理です。一人ひとりの学修歴・習熟度および職業経験を把握した上で、それぞれのキャリア・デザインを理解する必要があります。インタビューを中心としたAO入試が有効でしょう。

　その上で、たとえば、関連資格をすでに取得している人（キャリア・アップ型）に対しては、関連科目の履修を免除することによって、授業時間数や学費の削減につなげることができます。人によっては、週に数日の通学だけで卒業に必要な単位を取得することが可能となります。大学には設置基準の枠組がありますが、専門学校には自由度がありますから、各学校の創意工夫によって、多様な対応が可能です。

　今までと異なるキャリアに挑戦しようとしている人（キャリア・チェンジ

型）には、卒業後をも見据えた指導が重要です。資格取得のための授業科目の履修、職務経験を積むための研修、転職のための相談・指導など授業時間数は多くなり、相対的に高額の学費になりますが、納得できるでしょう。

　このためには、学生や教員の時間と場所の制約を受けにくい教育環境の整備が必要であり、大規模教室での一律の授業ではなく、アクティブ・ラーニングや情報通信技術を活用した少人数対象の手法を積極的に導入すべきです。学修の評価については、期末試験等の成績によって、学生が一斉に進級・卒業・終了するという「学年主義（あるいは時間主義)」ではなくて、個々人の学修の達成状況により判断すべきです（コラム2-9）。達成状況が非常に優れている者には、いわゆる「飛び級」や在学期間の短縮を考慮することが大切です。この判断は、本人だけでなく周囲の学生にも刺激となって、教育効果が期待できます。

コラム 2-9

　「みんな仲良く一緒にゴール・イン」の時代は終わった！！！
　新しい知識・スキルは、「**競争**」から産まれる！！！

　クラス編成については、社会人学生と高等学校新卒者を別クラスに分けることは適切ではありません。むしろ両者を混在させる方が、学修効果の視点から有効です。経験豊かな社会人が身近にいることは、高等学校新卒者によって貴重な経験となります。逆に、社会人学生にとっても、若者の考え方や行動を知ることは、将来の業務遂行に役立ちます。このようにすることによって、クラスの学生達の年齢やこれまでのキャリアが多様になりますから、一人の担任教員の統一的な対応ではなく、ケース・バイ・ケースの対応が求められることになります。各学生の事情に合わせた指導体制が必要になります。複数担任制も一つのアイディアかもしれません。あるいは、一つのクラスに一人の教員を配置する従来からの担任制に代わり、一人の学生に対して複数の教職員が担当する体制の構築が望ましいでしょう。

　教職員の意識改革も不可欠です。著者が質保証のために訪問した中に、教

職員会議において、特定のテーマについてグループディスカッション（月に1回程度）を実施している専門学校がありました。一般的に教職員会議は情報共有の場ですが、そこでは、それぞれの立場を超えた議論が活発に行われ、社会の動向や学校全体の状況の理解が進み、積極的な姿勢をもつ教職員集団が構築されている印象をもちました。

　在学生、卒業（修了）生、教職員が一体となった組織も重要です。在学生や教職員が社会の動向や学校の状況を理解する上で、卒業生の情報は非常に有効です。また、卒業生が更なるキャリア・アップを図ろうと考える場合に学校の存在は大きいと思います。この組織は、学校が「知と人材の集積拠点」となるために必要な仕掛けです。

　今や「個々人の可能性を最大限に伸長する教育」[10]が渇望されており、学修者自らが身につけたコンピテンシーを社会に向けて発信し、社会の納得が得られる体系的な内容で、学修活動を実施する必要があります（図2-8）。「何を学び、何を身につけることができたか」（学修成果）という認識が社会と共有できれば、社会の進展に伴って必要となる知識やスキルを身につけるためのリカレント教育の需要が高まることは確実です。

図2-8　社会人学生に対する入学から卒業・修了までの対応

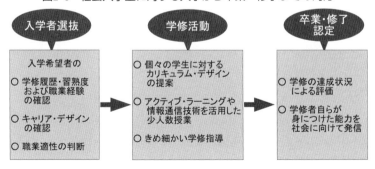

《注》

⑴　中央教育審議会答申（2018）2040年に向けた高等教育のグランドデザイン
　　https://www.mext.go.jp/content/20200312-mxt_koutou01-100006282_1.pdf p. 15
⑵　OECD（2018）Education Policy in Japan: Building Bridges Towards 2030
　　http://www.oecd.org/education/Japan-BB2030-Highlights-Japanese.pdf p. 3
⑶　独立行政法人大学改革支援・学位授与機構編著『内部質保証と外部質保証―
　　社会に開かれた大学教育をめざして』大学改革支援・学位授与機構高等教育
　　質保証シリーズ、ぎょうせい、2020年　p. 4
⑷　OECD編著、森利枝訳、米澤彰純解説（2009）『日本の大学改革　OECD高等
　　教育政策レビュー：日本』明石書店、p. 22
⑸　文部科学省　社会人の大学等における学び直しの実態把握に関する調査研究
　　（2016）
　　https://www.mext.go.jp/a_menu/koutou/itaku/__icsFiles/afieldfile/2016/06/
　　02/1371459_03. pdf p. 121
⑹　国立大学84校(回答率97.7％)、公立大学73校(88.0％)、私立大学529校(88.2％)
　　の回答から算出。平成26事業年度業務実績等報告書　p. 114　独立行政法人大
　　学評価・学位授与機構（2015）
　　http://www.niad.ac.jp/n_koukai/22jyou/no10_hyoukahoukokusyo26.pdf
⑺　欧州教育圏の構築を推進するボローニャ・プロセスのもとで、国家間で異な
　　る学位・資格の認定のために、共通様式で情報を記載し、公的で透明性のあ
　　る文書として作成された。わが国では、共通性より各大学の学位の特徴を示
　　すものとする傾向がある。
⑻　人生100年時代の社会人教育　リクルート　カレッジマネジメント　210/May-
　　Jun 2018 pp. 24–35
⑼　乾喜一郎（2018）社会人学習への国の金銭的支援制度と今後の拡充の方向性
　　リクルート　カレッジマネジメント　210/May-Jun 2018 pp. 20–23
⑽　中央教育審議会答申（2018）2040年に向けた高等教育のグランドデザイン
　　https://www.mext.go.jp/content/20200312-mxt_koutou01-100006282_1.pdf p. 6

第3章

学修成果の測定と発信

　これからの人材に必要とされる資質や能力については、経済開発協力機構
（OECD）のキー・コンピテンシー[1]をはじめ、21世紀型スキル[2]、基礎的・
汎用的能力[3]、社会人基礎力[4]など多くの提言が国内外にありますが、本書
では「コンピテンシー」を使用します。

　コンピテンシー（competency）は、企業などで人材の活用に用いられる
手法[5]で、高い業績・成果につながる行動特性（職務遂行能力）を意味する
言葉として使われ始めました（1960年代）。成果主義に基づく評価基準を重
視している場合には、成果だけを評価する傾向にあります。能力主義に基づ
く評価基準を重視している場合には、能力のみを高く評価する傾向がありま
す。これらに対して、コンピテンシーに基づく評価基準を重視する場合に
は、成果や能力だけではなく、その背景にある行動特性や思考特性も評価す
ることになります。すなわち、コンピテンシーとは、特定の状況下で、目的
を達成するために、成果を産み出すことができる能力を表した実践的な概念
です。

　日本の従来からの人材評価は、協調性、積極性、規律性、責任感など潜在
的能力を中心に行われてきました。これまで多くの日本企業では「潜在的能
力＝職務遂行能力」と捉えてきたわけですが、「高い能力」と「成果」とが
必ずしもつながらない場合も多く、評価と企業への貢献度がリンクしていな
いという批判もありました。これに対して、コンピテンシーは、ある職務に
おいて、期待される業績を安定的・継続的に達成している人材に、一貫して
見られる行動・態度・思考・判断・選択などにおける傾向や特性、すなわ
ち、その職務において優秀な成績をあげる要因となる特性を列挙したもので
す。したがって、コンピテンシーには、知識やスキルだけではなく、自律

性、責任感、傾聴力、計数処理能力、論理思考などの具体的な行動現象も含まれます。

第1節　教育分野における「コンピテンシー」

　教育分野にも、20世紀末頃から、「コンピテンシー」という言葉が登場するようになりました。OECDのDeSeCo[1]は、「学習力を考えるとき、これまでの知識やスキルの習得に絞った能力観には限界があり、むしろ学習への意欲や関心から行動にいたるまでの広く深い能力観コンピテンシーに基礎づけられた学習力への視点が必要になってきている。」と分析しました。そして、コンピテンシーを、知識やスキルよりも上位概念と位置づけ、「個人の人生にわたる根源的な学習能力」と定義しています。すなわち、コンピテンシーとは、国際化と高度情報化の進展とともに多様性が増した複雑な社会に適合することが要求される能力概念で、「単なる知識やスキルだけではなく、さまざまな心理的・社会的なリソースを活用して、特定の文脈の中で複雑な要求（課題）に対応することができる力」と定義されています[6]。そして、人々がもつべき知識やスキルを超える能力群であるコンピテンシー中から、表2-5に示す基準をもつものを、OECDは「キー・コンピテンシー」と定めました（コラム2-10）。

表2-5　キー・コンピテンシーの基準

個人および社会にとって、高い価値をもつ結果に貢献すること。 多様な状況において、重要で複雑な要求や課題に応えること。 特定の専門家だけではなく、全ての人にとって重要であること。

コラム 2-10

キー・コンピテンシーが提起する三能力
① **自律的に行動する能力**：異文化間の対人関係に対する感受性が高く、外国文化をもつ人々の発言や真意を聴取し、その人たちの行動を考えることができる。
② **社会的に異質な集団との交流能力**：他者に対して前向きの期待をもって対応することができ、他者にも基本的な尊厳と価値を認め、人間性を尊重することができる。
③ **社会・文化的、技術的ツールを相互に活用する能力**：人とのつながりを構築し、人と人との影響関係を理解し、行動することができる。

DeSeCoの目的は、学力や成人能力の国際的な評価と比較可能な教育指標の開発への理論的基礎の構築です。高校生対象の学習到達度調査（Programme for International Student Assessment, PISA）や成人対象の国際成人力調査（Programme for the International Assessment of Adult Competences, PIAAC）などの概念的基礎を構築するために、一部の国や教育学の領域だけで恣意的に定義し選択するのではなく、学際的な領域の専門家、各国の政策担当者、企業、組合代表等を含めた協働が進められ、グローバルな経済的・文化的課題で最重要のコンピテンシーが協議されました。その結果、民主的な価値の重要性と持続的な発展の達成という視点から、正常に機能する社会の形成と個人の人生の成功をもたらすキー・コンピテンシーの提言となりました。

OECDによるキー・コンピテンシーの提言には、下記のような背景があります。
① テクノロジーが急速かつ継続的に変化しており、これを使いこなすためには、一回修得すれば終わりというものではなく、変化への適応力が必要となる。
② 社会は、個人間の相互依存を深めつつ、より複雑化・個別化していることから、自らとは異なる文化等をもった他者との接触が不可欠となる。

③　グローバル化は新しい形の相互依存を創出しており、人間の行動は、個人の属する地域や国を越えて、たとえば経済競争や環境問題などに左右される。

　OECDでは、2030年を見据えて、キー・コンピテンシーの改定作業[7]を行っています。そこでは、一人ひとりのエージェンシー[8]を中核として、新たな価値を創造する力、対立やジレンマを克服する力、責任ある行動をとる力が「変革を起こす力のあるコンピテンシー」として提言されています。

　このような能力は、高等教育における学生の自主的活動等も含む教育活動全体を通して育成されるものです。情報基盤社会においては、基礎的かつ普遍的な知識・理解等に加えて、数理・データサイエンス等の基礎的な素養をもち、多量のデータを駆使して、新たな価値を創造する能力が必要となってきます。とくに、人工知能（AI）などの技術革新が進展する中で、新しい技術を使う側として、読解力や数学的思考力を含む基礎的で普遍的な知識・理解と汎用的なスキルをもち、それらを活用して、技術革新と価値創造の源となる知の発見・創造など新たな社会を牽引する能力が求められます。すなわち、AIではできない、人間でなければできない役割を考え、実行できる人材が必要なのです（表2-6）。

表2-6　AI時代に求められるスキル（AIが不得意とするスキル）

○創造的思考 抽象的な観念を整理・創出できる。 コンテクストを理解した上で、自らの目的意識に沿って方向性や解を提示できる。
○社会的知性（ソーシャル・インテリジェンス）とネゴシエーション・スキル 理解・説得・交渉などの高度なコミュニケーションによって、サービス志向性のある対応ができる。 他者と協働（コラボレーション）ができる。
○非定型事象への対応 役割が体系化されていない多種多様な状況に対応できる。 予め用意されたマニュアル等に頼るのではなく、自分自身で何が適切かを判断できる。

　人間の強みは、現実世界を理解し、その状況に応じた判断と意味づけをすることができることです。AIが人間の能力を遥かに超えるのではないかという意見もありますが、AIの本質はアルゴリズムです。少なくとも現在のAIは、情報の「意味」（背景にある現実世界）を理解しているわけではありません。AIに目的や倫理観を与えるのは人間であり、アルゴリズムでは表現が難しい仕事や、高度な判断・発想を必要とする仕事などが、AIでは代替えできないものと考えられます。　AIと人間との関係を対立的に捉えたり、必要以上に不安を煽（あお）ったりするのではなく、むしろAIは、人間の能力を補助・拡張し、可能性を広げるために有効な道具と捉えるべきです。私達の知識やスキルをAIが補いますから、人の能力は底上げされます。AIの活用によって、エキスパート（ITスキル・エキスパートや表2-6に示したスキルのいずれかを活かすヒューマンスキル・エキスパート）になりやすくなります。

第2節　資格枠組：流動性の高い高等教育を担保する

　高等教育には、知的多様性とともに知的流動性が求められています（第2章第1節、pp. 68-71）。流動性については、国境を越える流動性と、教育セクター間の流動性という二つの視点から考える必要があります。いずれの場合にも、当該学生がそれまでに獲得した学修成果を、適切かつ公平に評価し、その質を保証しなければなりません。学生を迎え入れる機関が必要とする情報は、「どのようなコンピテンシーを、今までの学修で修得しているか？」です。学生が修得したコンピテンシーの証明が、授与された学位あるいは職業資格です。したがって、授与された学位や職業資格は、修得している知識やスキルを含めたコンピテンシーを正確かつ明確に反映していなければ意味がありませんし、社会的信用を得ていなければなりません。

　異なる教育セクター間の移動や、国内外の機関間の学生移動に際して、他分野からは学位名や職業資格名だけからは、学生が身につけた学力や能力が理解しにくい場合が多々あります。この対応として、資格枠組が重要です。

学位や職業資格とは、学校教育、職業訓練、高等教育、生涯教育などにより獲得した知識、スキルやコンピテンシーの証明です。資格枠組は、生涯を通じて、国を越えて、また国内の教育セクター間の、学修者や就業者の学修・訓練および移動に有用な情報を提供するツールです。

　学位、称号、証書、免許、職業資格などを総称する用語は、欧州では"qualifications"、アメリカ合衆国では"credentials"、フランスでは"certifications"と、国や地域により異なります。ここでは「資格」を総称する用語として使用します。資格の定義について、経済協力開発機構（OECD）は、「個人が所定の水準の知識、スキルおよび幅広いコンピテンシーを習得したことを、管轄機関が認めた際に得られるもの」と説明しています[9]。欧州連合理事会（Council of the European Union）は、「個人が所定の水準の学習成果を習得したことを、管轄機関が認めた際に得られる評価や認証プロセスの公式な成果」とし、これを後に説明する欧州資格枠組（EQF）の「資格」の定義と位置づけています[10,11]。ここで重要な点は、資格は「所定の水準（a given standard）の学修成果」を満たすという前提に立って「社会のコンセンサスの中で共有される」という記述です。

　グローバル化が進展している現在、学位や職業資格などに対する社会の共通理解の欠如の問題は、海外においても問題になっています。教育訓練と労働市場が求めるコンピテンシーのミスマッチ問題もあり、国際的な政策議論において、資格内容の透明化と教育訓練—職業間の連続性が強く求められています。この問題に対処するため、欧州を中心とした各国政府は、「資格」を政策ツールとし、学位・資格などの整理や教育訓練制度の改革を進めています。欧州議会・理事会は、その施策の一つとして、各職業資格や学位などに求めるコンピテンシーとそのレベルを付した欧州資格枠組（European Qualifications Framework, EQF）[10,11]を策定しました（2008年）。この時、欧州各国の異なる資格の同等性や比較可能性を高めるための翻訳装置として、各国で策定されている国家資格枠組（National Qualifications Framework, NQF）をEQFに対応させることが提言されました[12]。

　今や、世界の150を超える国々で、NQFの導入あるいは検討が進められていますが、わが国はNQFを有しておらず、職業能力評価制度など雇用政策の観点から、日本版NQF策定の是非を問う研究が行われている段階です。

1．職業教育におけるコンピテンシー体系

　このような現状に鑑みて、一般社団法人専門職高等教育質保証機構（以下「QAPHE」と略記します。）は、文部科学省委託事業「学修成果の測定に向けた職業分野別コンピテンシー体系の研究」（略称：コンピテンシー事業）の中で、国際的な質保証動向に即したフレームワークをもち、かつ、わかりやすい「学修成果」を示すことに活用できる「職業コンピテンシーの体系化」を推進しています[13]。この事業の目標は、下記の通りです。

①　資格枠組の確立と可視化（レベル定義）

②　資格枠組の普及を目的とした国際シンポジウムの実施

③　学修成果指標の活用のための可視化（職業分野ごと）

④　学修成果測定試行（職業分野ごと）

⑤　学修成果測定の手引き作成

　目標①については、学術分野・職業分野に共通した資格枠組のレベル定義（レベルディスクリプター）[14]および資格枠組のレベル定義（概要）[15]を作成し、すべて英訳版[16]も公表しました。目標②に関しては、ASEAN諸国等における質保証情報の共有を目的として、QAPHE国際シンポジウム2019「専門職高等教育の質保証と資格枠組」（2019年11月26日）を開催しました[17]。この国際シンポジウムでは、ASEAN諸国の資格枠組の中心的な役割を担うZita Mohd Fahmi氏（マレーシア　クエスト国際大学特命教授）を、ヨーロッパの資格枠組（EQF）との親和性が高い香港からChristina Ng氏（香港学術及職業資歴評審局、総主任／高級評審主任）を招いて、それぞれの地域や国における質保証と資格枠組の関連性についてご講演をいただきました。これに先立ち、QAPHEは、オーストラリア技能質保証機関（ASQA）と交流協定[18]を締結して、職業教育の質保証に関してオーストラリアとの情報交換を

行っています。目標③④および⑤については、第３節で詳細に説明します。

２．資格枠組の確立と可視化

　職業分野・学術分野に共通した資格枠組のレベル定義（レベルディスクリプター）[13]は、８段階レベル（表2-7）について、表2-8に示す人材特性ごとに、コンピテンシー（知識、技能、責任と自律性）を定義しています。職務上の技能は、専門実践技能、対人技能、分析技能、管理・指導技能ごとに記述しており、コミュニケーション技能等は対人技能に、デジタル・数的技能等は分析技能に、それぞれ言及しています。このレベル定義の詳細は、コンピテンシー事業成果報告書本文あるいは添付資料[14]をご参照ください。なお、世界各国のNQFにおいても、一般的に８段階のレベル分けが採用されています。

表2-7　資格枠組のレベル定義の各レベルの目安

レベル	レベルの目安
8	専修学校専門課程(2)　卒業後15〜20年経過（35〜40歳）、博士
7	専修学校専門課程(2)　卒業後10〜15年経過（30〜35歳）、修士、修士［専門職］
6	専修学校専門課程(2)　卒業後5〜10年経過（25〜30歳）、高度専門士、学士、学士［専門職］
5	専修学校専門課程(2)　卒業（20歳）、専門士、短期大学士、短期大学士［専門職］、準学士
4	専修学校専門課程(1)　卒業（19歳）
3	高等学校卒業（18歳）
2	中学校卒業（15歳）
1	小学校卒業（12歳）

表2-8　資格枠組のレベル定義に用いた人材特性

学修者プロフィール
知識と理解
汎用的な技能
職務上の技能 　専門実践技能 　対人技能 　分析技能 　管理・指導技能
自律性と責任感
倫理観とプロ意識

　資格枠組のレベル定義（レベルディスクリプター）は、Ａ４用紙に換算すれば４枚分にも相当します。したがって、ここでは学修者プロフィールを抜粋します（表2-9）ので、他項目については報告書[14]をご参照ください。さらに、全体像を把握しやすくするために、情報量を絞り、かつ可視化の機能は維持されるように、資格枠組のレベル定義（概要）[15]を作成しました（表2-10）。

表2-9　資格枠組のレベル定義（レベルディスクリプター）の学修者プロフィール

レベル	学修者プロフィール
8	・学問分野や専門的実務分野の最前線にある最先端の知見について、批判的理解を示す。 ・新しく独創的な知見／実務につながる高度な研究を、主体的に実施・管理・統率する。 ・論文、特許、製品、新規の高度な専門的実務、先進技術、創造的モデル、芸術作品や音楽などの形で研究成果を産み出す。 ・専門分野の観点、主張、アイディアを、知識と自信をもって提示し、正しいと証明する能力を発揮する。

7	・学修／研究／専門的実務を進めることにより、高度な理論的知識、批判的思考、創造能力や革新能力に関する理解を基礎として、学問／実務の特定分野における高度な知識を習得する。また、課題に対して、新しい解決策を産み出す。 ・世界でも、知識と能力を生かして、自信をもって行動する。
6	・専門分野での研究開発、創造性や革新が欠かせない準専門職の仕事に求められる、広範囲で体系的な知識と能力を理解する。 ・専門職業人としての姿勢・心構えと柔軟な対応力をもち、倫理観ある職場文化や持続可能性に向けて取り組み、日本の国家目標に沿いながら国際社会の一員としての認識をもつ。
5	・相当量の理論的・専門的知識をもち、職場で複雑な状況に対処することができ、組織や職業で求められることを理解し、それに従うことができる。 ・倫理的にも、地域社会や世界で働いたり生活したりする場合にも、持続可能な方法を用いる能力をもつ。
4	・一般理論・原理について幅広い知識を獲得し、特定分野の学習／訓練の能力を発揮する。それにより、技術職・専門職・経営職の分野のキャリアにつながる専門的な仕事を行うことができる。 ・進学への関心を示す。 ・倫理観ある適切な行動を取ろうと努力し、世界の中の日本という視点で、日本の目標への理解を示す。
3	・中級レベルの事実や原理原則について、基本的、理論的かつ専門的な知識を獲得する。必要に応じて、仕事に関するバランスの取れた能力を発揮する。 ・学修者の興味や仕事に関連する学修や訓練に興味を示す。 ・年齢相応に地域社会に参加し、世界の問題に対して年齢相応の認識をもつ。 ・英語など、日本語以外の一つの言語で、初級の言語能力を獲得する。

表2-10　資格枠組のレベル定義（概要）

レベル	人材特性		
	知　識	技　能[*1]	責任と自律性[*2]
8	専門的実務／学問分野において最先端のフロンティア。新しい専門的実務や知見につながる分野横断的な視点・知識・理解	研究や革新の重要な課題を解決し、既存の知識や専門的実務を再定義するために必要な、最も高度な専門的技能	専門的実務や学問の最前線で、新しいアイディア・プロセス開発に対する権威、自律性、学術的・専門的な誠実性および持続的な関与
7	高度に専門化された知識。その内いくつかは、仕事／学習分野における知識の最前線。異なる分野の知識・理解	実務／学問分野における主体的・批判的洞察と分野横断的知識の統合。新しい知識や方法論の研究・開発・革新に必要な問題解決技能	複雑で予測不可能な課題に対する革新的な取組が求められる仕事や学習の管理。専門的な知識・実践と管理への貢献・評価
6	理論や原理の批判的思考を含む、仕事／学習分野に関する高度な知識・理解	仕事／学習分野で、複雑で予測不可能な課題の解決のために必要な熟練と革新を実証する高度な技能	技術的・専門的活動を管理し、予測不可能な仕事や学習の場面で意思決定を行う責任。個人や団体の専門的な開発を管理する責任
5	仕事／学習分野における総合的、専門的、事実的、理論的な知識と、その知識の批判的認識	抽象的な問題を創造的に解決するために必要な包括的な認知科学技術と実践的技能	予期せぬ変化がある仕事／学習活動の主体的管理と監督。自己と他者の業績の点検・開発
4	仕事／学習分野における幅広い文脈の中で事実と理論の知識	仕事／学習分野における特定の問題の解決策を産み出すために必要な一連の認知・実践技能	通常は予測可能であるが変化する可能性のある仕事や学習の文脈の中での自己管理。他者の日常業務を監督し、仕事／学習活動の評価・改善

3	仕事／学習分野における事実、原則、プロセス、一般概念の知識	基本的な方法、手法、材料、情報の選択・利用によって、任務を達成し問題解決に必要な認知・実践技能	仕事や学習の完了に対する責任。問題を解決する際の状況に対する自己の行動の適応
2	仕事／学習分野における基本的な知識	簡単な規則と手法を利用した任務の実行。日常的な問題を解決する目的で関連情報の利用に必要な基本的な認知・実践技能	監督下で、ある程度の自律性をもった仕事や学習
1	基本的な一般知識	簡単な任務を実行するために必要な基本技能	直接監督下で、構造化された状況での仕事や学習

*[1] 汎用的な（認知的）技能および職務上の（実践的）技能を記述
*[2] 知識と技能を自律的に、責任をもって適用する能力を記述

　資格枠組は、従来から別々に制度づけられ運営されてきた多様な教育訓練セクター間の関係を明らかにし、各セクターで獲得できるあらゆる職業資格や学位、称号、免状、証書等の資格について、学修成果（学生が修得したコンピテンシー）を明確にすることによって、自国内そして国際的に資格の内容に対する理解を深めるためのツールです。資格枠組の導入目的には、国レベルの学修成果の策定や、教育訓練と労働市場との接続、入学や編入などの学修者のセクター間の流動性、リカレント教育（継続教育や生涯教育）の推進等であり、国や地域によっては職業教育訓練セクターの地位向上などが掲げられています（コラム2-11）。複雑化・拡大化する資格を共通の枠組で整理し、それぞれの資格の価値が比較できるようにすることが第一義的な目的です。コンピテンシーが明確化されることで、資格への信頼性、客観性につながることが期待できます。さらに、職業能力評価や高等教育を含む教育訓練の質を保証するツールとなることも期待されます。

> **コラム 2-11**
>
> 資格枠組に期待される機能
> ・学位・称号・資格制度の**整理・可視化**
> ・学修成果に基づく資格の**透明性の向上**
> ・学修成果の策定や水準に関する**雇用者の関与**
> ・教育訓練と労働市場との**関係性の強化**
> ・教育セクター間の**移動、入学、編入の支援**
> ・**リカレント教育**の促進
> ・質の向上をめざした**質保証システム**の一環
> ・職業教育訓練の**地位の向上**

　資格枠組のレベル定義は、学術分野、職業分野の枠を超えて分野横断的にレベルと人材特性をまとめたものです。各分野には、固有のコンピテンシーそして職業資格がありますから、それぞれの学修成果と資格枠組のレベル定義とを関連づけることが必要です。これがなければ、資格枠組は、画餅（絵に描いた餅）に終わってしまい、流動性に資することにはなりません。この作業については、次の第3節で議論します。

　資格枠組を策定する際に、高等教育関係者だけで議論しても意味がありません。関連業界や関連省庁関係者、社会一般の有識者、高等学校教育関係者、質保証機関関係者など広範囲の人達による討議が必要です。QAPHEの資格枠組のレベル定義についても、分野ごとの検討と全体のまとめを繰り返し、かつ多数の海外関係者からの意見を聴取した上でまとめたものです。

第3節　学修成果の可視化

　最初に、「学習成果」と「学修成果」との相違点を説明しておきます。学生が各授業で学習した成果は、成績（＝学習成果）として評価されます。これらの授業群が体系的に集合して「プログラム」が構築されています。このプログラムを構成している複数の授業科目の学習を修了することによって総

合的に得られる成果が「学修成果」です。そして、この修了を証明するのが、学位、専門士あるいは高度専門士などです。

　高等教育における学修パラダイムの重要性は、前書[19]でも強調しましたが、重要ポイントを復習します（図2-9）。かつては、教員が何を教えたかということが問題（インプットやアクション）でしたが、今や、学生が何を学んで、何ができるようになるかという学修成果（アウトプットやアウトカムズ）が問われています。学修成果については、知識やスキルだけではなく、当然コンピテンシーが問われます。資格枠組のレベル定義（レベルディスクリプター）からコンピテンシーの要素を抽出すると、ネゴシエーション能力、専門職的能力および社会的（人間的）能力にまとめられます（表2-11）。グローバル社会では、幅広い知識と柔軟な思考力に基づいて、自らのアイデンティティーを主張し、他者の理解を得るとともに協調的に成果をあげなければなりません。したがって、ネゴシエーション能力が重要で、当然コミュニケーション能力も含まれます。専門職的能力については、学術的・職業的知識や方法論に加えて、批判的思考や理解力（critical thinking and undestanding）を含みます。社会的（人間的）能力として、「自律性と責任感」と「倫理観とプロ意識」を掲げてあります。

図2-9　教育パラダイムから学修パラダイムへ

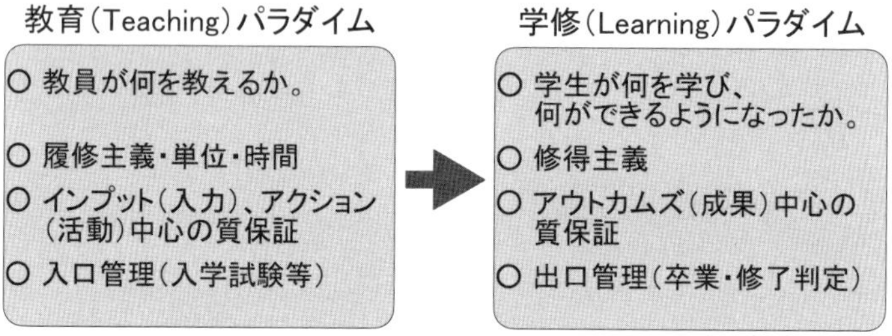

教育（Teaching）パラダイム

- 教員が何を教えるか。
- 履修主義・単位・時間
- インプット（入力）、アクション（活動）中心の質保証
- 入口管理（入学試験等）

→

学修（Learning）パラダイム

- 学生が何を学び、何ができるようになったか。
- 修得主義
- アウトカムズ（成果）中心の質保証
- 出口管理（卒業・修了判定）

表2-11　コンピテンシーの内容

ネゴシエーション能力
他者と協議しながら対立や論争を解決できる。
他者と協働して仕事ができ、仕事を計画・組織化できる。
人を説得したり、人の意欲を励起することができる。
多様な方法で課題に取り組み、課題の倫理的・道徳的影響を理解・説明できる。
情報を図式化して、具体的課題として正確に提示できる。
文章を正確に解釈、説明でき、事実と個人の意見を区別できる。

専門職的能力
学術的原理や統合された知識の修得
批判的思考・理解力
職業的知識の修得
専門分野の中で問題を処理するための一連の方法論
特定の職業活動分野の中で問題を処理するための一連の方法論

社会的（人間的）能力
自律性と責任感
倫理観とプロ意識

１．学修成果を測る

　学修成果とは、学修の結果としてもたらされる個人の変化や利益を意味します。この変化や利益は、能力や達成度という形で測定することができます。個人的な成長や社会的成熟などによる、教育機関が寄与する範囲を超えた要因もあります。このように、学修には多くの要素があり、測定しやすいものから、きわめて測定が難しいものまで含まれます（表2-12）。一つのアセスメント・ツールだけで、学修成果を全て包括的に測定することは不可能です。

表2-12　学修成果のアセスメント

直接的証拠
資格試験など
標準テスト、民間テスト業者によるテストなど（AHELO、CLAなど）
定期試験、課題レポート、グループ・ディスカッションなど課程・コース内評価
ポートフォリオ
パーフォマンス（ルーブリックなど）
間接的証拠
学生を対象とした調査：在学中の調査、卒業（修了）時調査など
卒業生（修了生）を対象とした調査
雇用者を対象とした調査
外部者による評価

　知識成果（knowledge outcomes）とスキル成果（skills outcomes）は、資格試験等や学内の定期試験やレポート等の直接的証拠によって、比較的容易に判断できます。しかしながら、コンピテンシー成果（competency outcomes）を把握するには、多様なアプローチが求められます。コンピテンシーの達成状況は、直接的根拠と間接的根拠を組み合わせて総合的に判断する必要があります。たとえば、学生のポートフォリオ（学修履歴）には、筆記課題、実習、インタビュー、実験やインターンシップの報告書など学生が取り組んだ直接的な証拠が含まれています。ポートフォリオには、成果の間接的な証拠、すなわち学生に能力や適正の観点から自己の達成状況を評価させる質問紙が含まれることもあります。学生による作品の多元的な評価によって、コンピテンシーも含めた広範な学修成果を判断することもあるでしょう。

　学修の質に関する説明責任を果たすためのデータ提供を要請する教育機関に対する社会的圧力は、近年ますます強まってきています[20]。学生の学修成果に関する比較可能な情報を要請しているのは、入学志願者、優れた学生を

求める雇用者、公的資金の有効利用を求める納税者、資源配分の意思決定に関わる政策策定者などの関係者です。知の想像的・創造的社会へと移行する中で、教育機関がいかに効果的に人材を育成しているのかに、社会全体が関心を寄せています。教育機関にとっても、学生の学修成果を比較検討することが、教育改善や社会への説明責任に役立つことが期待できます。また、優れた学修成果の証拠は、入学志願者を惹きつけるなどに有効となるはずです。

しかし、教育の質に関する既存の格づけやランキングは、学修成果に関する情報はほとんどなく、インプット、アクションおよびアウトプットに関わる指標に注目する傾向があります。このような指標だけでは、教育機関が学生のコンピテンシー育成にいかに貢献しているかを理解することはできません。したがって、既存の格づけやランキングは、関係者や社会全体に対して、教育や学修の質に関する情報を提供する手段としては不十分と言わざるを得ません。ところが、学校の学修成果を知り、それらを比較可能とするためのアセスメント・ツールが存在しないために、教育の質に関する相対的な代替指標として、格づけやランキングが広く利用されています。そして、格づけやランキングは、多くのメディアによって取り上げられ、教育機関自身やその卒業生に対する社会の認識に強い影響を及ぼしています。

このような状況から、QAPHEでは、上述のコンピテンシー事業に取り組み、資格枠組のレベル定義を行った上に、それを基礎として、複数の分野について、学修成果指標[21]を作成し、学修成果測定の試行[22]を実施しました。

2．学修成果の可視化：学修成果指標

各学校の学修成果を測定・公表する際には、学校の独自性や多様性を示す学校独自の成果目標に資する「学校独自指標」および学校間の相対評価が可能な「共通（ベンチマーク）指標」の二本立てで社会に示すことが肝要です（コラム2-12）。共通指標には、専門学校全体に共通する指標と分野ごとに共通する指標があります。学校に都合のよいデータばかりを公表することでは、決して社会の信頼は得られません。各学校の立ち位置を社会に明示する

ことが求められています。

> ### コラム 2-12
>
> 学校が、社会の信頼を得るためには、
> ①**学校独自の学修成果目標**
> ②**相対評価が可能な共通（ベンチマーク）指標**
> を提示する必要がある。
> **説明責任**（アカウンタビリティ）とは、
> **自らの立ち位置を社会に明示する**ことである。

　専門学校を含めた高等教育全体の指標は、資格枠組のレベル定義（レベルディスクリプター）および資格枠組のレベル定義（概要）ですが、各職業分野ごとに学修成果の具体的な達成水準を明示する必要があります。専門学校教育の場合、業種・職種に依存するだけでなく、業態や国家（資格）試験との関係、商習慣との関係、留学生市場との関係など、多様で複雑な要素が絡み合っています。QAPHEでは、これらの多様性・複雑性を反映した幅広い職業分野を取り上げ、それぞれの分野に適した学修成果指標（学修成果の可視化ツール）を作成しました。

　四職業分野（美容、ゲーム・CG、動物、土木・建築）ごとに、各人材特性（表2-7、p. 82）の各レベルにおける学修成果の具体的な達成水準を可視化しました。可視化にあたり、専門学校関係者、大学等の高等教育関係者、高等学校関係者、関係業界関係者、国家（資格）試験関係者、その他有識者等が参加するチームで議論を進めました。

　各職業分野の代表的な職種に関する学修成果指標を作成するにあたり、それぞれ考慮すべき属性を整理しました（表2-13）。これらのうち、美容師は厚生労働省の、土木施工管理は国土交通省の、それぞれ所管する資格認定制度のもとで運用されています。認定動物看護師については、一般財団法人動物看護師統一認定機構が、資格認定のための全国統一試験および試験に基づく資格認定の実施を担っています。一方、ゲームクリエイターは、公的な資

格制度や人材育成ガイドライン等が存在しない分野です。

　以上のように、四職業分野は、それぞれ特徴があり、異なった位置づけと

表2-13　各職業分野の代表的職種に関する学修成果指標の作成にあたり考慮すべき属性

職　　　種	考慮すべき主な属性
美容師 （美容分野）	①一人前の美容師を「スタイリスト」と称する習慣がある。 ②知識・スキルは手技・施術に関するものが中心である。 ③美容サービスは対個人直接サービスである。 ④個人経営の比較的小規模な経営体が多い。
ゲームクリエイター （ゲーム・CG分野）	①比較的新しく、ニーズも多様で、開発技術も日進月歩である。 ②プログラミング、ゲームデザイン、CGなどの要素技能に加えて、創造的資質・能力が求められる。 ③技術者育成に関する公的な資格制度や育成ガイドラインが存在しない。
認定動物看護師 （動物分野）	①認定動物看護師資格を取得するためのコアカリキュラムが存在する。 ②獣医療の内容が高度化、多様化している。 ③犬・猫の飼養頭数が増加している。 ④動物を介在した福祉、教育等の諸活動への期待が高まっている。
土木施工管理 （土木・建築分野）	①国土交通省が所管する資格認定（検定）制度が充実している。 ②プロジェクト型の業務がほとんどである。 ③公共性が高い。 ④安全管理は必須である。

なっていることが窺えます。同じような学修目標を設定する職業分野や専門
学校にとって参考となります。以下、学修成果指標作成の考え方などについ
て説明します。

a．美容分野

　美容分野には、ヘア（カット、パーマネントほか）、メイクアップ、エス
テティック、ネイルなど多様な職種領域があります。これらを総合的に扱う
美容師職種に焦点をあてた学修成果指標を作成しました。美容師は「高等学
校を卒業した後、厚生労働大臣の指定した美容師養成施設で昼間課程2年、
夜間課程2年、通信課程3年以上にわたり必要な学科・実習を修了した後、
美容師試験に合格した者に与えられる」免許[23]です。わが国には、厚生労働
省が与える免許の取得を主な学修目標として掲げている専門学校が多く、美
容師職種を対象にした学修成果指標の作成は、同様の学修目標を設定する職
業分野や専門学校にとって参考となります。

　美容業界では、一人前の美容師を「スタイリスト」と称する習慣があり、
その前段階を「ジュニアスタイリスト」あるいは「アシスタント」とよびま
す。とくに技能の優れたスタイリストは「トップスタイリスト」とよばれま
す。スタイリストの育成システムは、美容サロンごとに異なりますが一般的
には、美容師免許取得後2～3年の修業期間を経て、サロンごとに設定され
た技術水準を満たすことが求められます。

　美容師の知識・スキルは、手技に関するものが中心ですから、知識と理
解、汎用的な技能、専門実践技能の学修成果指標は、手技・施術の要素知
識・技能について詳細に規定する必要があります。美容サービスの多くは対
個人直接サービスですから、対人技能（とくに対顧客コミュニケーション技
能）や個人とのつながりを重視した分析技能、個人情報の管理などの倫理観
などが重視されます。レベルが上がるにしたがって、部下の指導や後進の育
成など管理・指導技能、最上位レベルでは高い水準の自律性が求められま
す。新型コロナウイルス感染症対応政策において、理美容は生活必需サービ
スとして位置づけられたことは記憶に新しいところですが、人間が生活して

いく上で必要不可欠なサービスを提供する者としての誇りや責任感も、学修成果指標を作成する上で重要な内容です。以上の考えに基づき、美容師職種の学修成果指標を作成しました[24]。このうち、表2-14は学修者プロフィールを示しました。

表2-14　美容師職種の学修者プロフィール

レベル	学修者プロフィール
8	・独創的かつ革新的な美容サービスの研究・創造 ・付加価値が高い美容サービスの開発・マネジメント ・美容業界を代表する形での成果の表出
7	・先端的な美容技術、美容サービスを産み出す高度な知識、批判的思考、創造能力 ・先端的で高度な美容サービスを創造し、そのプロセスを適切に管理 ・美容サロンで生じる運営上の諸問題の解決
6	・革新的で創造性に富む高度な美容サービスの創出に必要な、広範囲で体系的な知識・スキル ・美容サロンで生じる広範囲な問題を解決 ・美容師としての誇りに裏づけられ、優れた指導力を駆使した後進の育成 ・顧客への提案
5	・顧客を満足させるために必要な理論的・専門的知識、スキル ・美容サロンの一員としての組織的対応 ・美容サロンで生じる施術面の諸問題の解決 ・顧客のニーズに合わせた施術と顧客からの信頼の獲得
4	・美容師としての一般理論・原理に関する知識の獲得 ・美容師としての基本的なスキルの獲得 ・美容サロンの一員としての機能発揮 ・美容サロンにおいて必要な職業人意識、職業倫理
3	・美容師となるために必要な基礎的理論・原理の理解 ・美容師としての仕事の理解 ・職業人意識や職業倫理に対する前向きな姿勢

　美容師免許の取得という学修成果はレベル４に相当し、美容師養成施設における１年間の学修成果の達成水準がレベル３です。スタイリストは免許取得から２〜３年の修業期間がありますからレベル６に相当します。したがって、ジュニアスタイリストやアシスタントはレベル５、トップスタイリストはレベル７に、それぞれ相当します。さらに、スタイリストとしての経験を多く積んだ美容師は、後進の育成にも力を尽くしますから「インストラクター」としての役割をもち、レベル７相当と考えられます。そして、美容師によっては、最終的に美容サロンの起業、家業を継ぐ、大規模美容サロンチェーンの管理責任者などマネージャーをめざしますので、レベル８に相当するコンピテンシーが求められます。

b．ゲーム・CG分野

　ゲーム・CG分野の専門学校は、成長するゲーム市場に、ゲームプログラマー、ゲームデザイナー、CG（コンピュータ・グラフィックス）技術者などを供給しています。市場に受け容れられる魅力的ゲームを開発するために、総合的・創造的な能力が求められるゲームクリエイター職種に焦点をあてた学修成果指標の作成に取り組みました。

　ゲーム市場は、比較的新しく、ニーズも多様で、開発技術も日進月歩であることから、技術者育成に関する公的な資格制度や人材育成ガイドラインが存在しません。この点は、多くの職業分野の中で、際立った特徴です。大学でもゲームクリエイターを育成する体系的なカリキュラムはほとんどなく、業界との密接な関係をもった専門学校が、業界と共同して主導的にカリキュラムを構築しています。この特徴を考慮して、QAPHEは、業界団体、最先端のゲーム会社の意見を重視して学修成果指標を作成しました。

　公的な資格制度や人材育成ガイドラインがなく、比較的新しい業界であることを踏まえて、資格枠組のレベル定義のレベル８および７などの高度人材については、具体的な人物をイメージするところから始めました。すなわち、まず、「○○○○氏は、△△△△だからレベル８」「◇◇◇◇氏は▽▽▽▽だからレベル７」といった人物評価を行い、そのように評価する根拠理由

表2-15　ゲームクリエイター職種の学修者プロフィール

レベル	学修者プロフィール
8	・先端技術もしくは五感制御における技術応用の研究成果 ・ゲームデザインに関しての学術研究成果の発表経験 ・ゲームに関する論文査読立場と、自身の研究成果と学術指導経験 ・ゲームに関する書籍、論文の発表 ・応用技術をタイトルに実装した経験 ・国際的カンファレンスでの発表経験
7	・先端技術の応用事例の指導 ・五感制御における応用事例の指導 ・ゲームデザインの学術研究における論文発表 ・ゲーム制作における体系的な指導経験 ・ゲーム制作における指導的役割での発表 ・市場向けタイトル開発経験 ・国際的な技術カンファレンスでのセッション発表経験
6	・先端技術の知見 ・ゲームデザインの論文発表経験 ・ゲーム制作におけるチーム活動のマネジメント経験 ・ゲーム制作におけるエンジニアとマーケティングの役割と知見 ・チーム、個人におけるゲーム制作の指導の経験と知見 ・技術カンファレンスにおけるセッション応募経験
5	・応用技術の知見 ・ゲームデザインの実装経験 ・ゲーム制作の個人もしくは、チーム制作への参加経験 ・ゲーム制作の企画内容の判断 ・2D、3D、モーションにおけるコンセプトの制作 ・開発プロジェクトのチーム活動の経験 ・日本全国規模のコンテスト応募経験
4	・技術の知見 ・ゲーム制作における基礎プログラムの知識 ・ゲーム制作の企画 ・2D、3D、モーションのツール群の使用 ・個人、チームによるゲーム制作の経験 ・技術カンファレンスへの参加経験

等から、指標となる項目をあげることを繰り返しながら、レベル8、レベル7の指標を仮設定しました。

　一方で、ゲームクリエイター育成実績をもつ4年制専門学校と協力し、その修了段階をレベル6に、3年次終了時点をレベル5に、2年次終了時点をレベル4に、それぞれ位置づけて、指標を仮設定しました。その後、レベル8〜4を全体的に俯瞰し、資格枠組のレベル定義との整合性を検討し、レベル間の接続を調整することにより、業界ニーズに適合し、かつ、専門学校カリキュラムとも矛盾しない学修成果指標が作成されました。その際、表2-13の①に掲げた「常に最新の技術に関する知識・技能およびそれを追及する姿勢」、②に掲げた「創造的資質・能力の育成」に関わることに配慮しました。さらに、ゲームはチームを編成したプロジェクトによって開発されることが一般的であることから、プロジェクト管理に関わる管理・指導技能、責任感などについても配慮しました。このような作業を経て、レベル8からレベル4までの学修者プロフィール（表2-15）がまとめられ、学修成果指標を作成しました[25]。

c．動物分野

　動物分野の専門学校は、愛玩動物（ペット）関連市場の成長に合わせて、ペットビジネス、トリミング、動物看護などの職種の人材育成を行っています。これらの内、2019年に制定された愛玩動物看護師法によって、国による資格認定試験が始まっている動物看護職に焦点をあて、学修成果指標の作成を行いました。

　動物看護職の技能を認定する資格として、現在、認定動物看護師試験があります。当初、この種の技能を認定する動物看護士資格が乱立し、獣医療現場が混乱した時期もありましたが、2011年9月に「全国統一試験と試験に基づく資格認定の統一実施を担う機関として、日本動物看護職協会を始め、認定団体、養成施設（学校）に加えて獣医師会、獣医学会等を会員とする『動物看護師統一認定機構』が設立」され、2013年からは同機構主催による認定動物看護師試験[26]が実施されています。

　さらに、「獣医療の内容の高度化、多様化、犬・猫の飼養頭数の増加、動物を介在した福祉、教育等の諸活動への期待」[27]から、2019年6月に愛玩動物看護師法が制定され、2023年から愛玩動物看護師試験が実施される予定になっています。

　動物看護職では、認定動物看護師資格誕生の折、動物看護師統一認定機構推奨コアカリキュラム[28]（以下「コア・カリキュラム」と略記します。）が制定され、動物看護職を育成する専修学校、大学の標準カリキュラムになっています。このカリキュラムは、認定動物看護師試験に合格するためのものであり、多くの動物専門学校が3年制であることから、その学修成果の水準はレベル5に相当していると考えられます。なお、認定動物看護師から見て上位レベルに相当する公的なスタンダードは存在せず、レベル6以上は、今後、国家資格化される状況の下で、動物看護職の知識・技能の学修成果指標の作成が求められているのが現状です。

　以上に示した経緯を踏まえて、認定動物看護師職種の学修成果指標を作成する上でとくに考慮すべき属性（表2-13、p. 93）を中心に、認定動物看護師職種の学修成果指標を作成しました。作成にあたっては、認定動物看護師職種の最上位レベルとして、動物看護師長をイメージするところから始めました。通常の医療でも、看護部長は、事務長とともに院長を支える要職で、これら三者の良好な関係が安定した病院運営を支えています。小動物獣医療施設（いわゆる動物病院）の規模も拡大しつつあり[29]、獣医師、看護職、事務職合わせて数十人規模の施設も珍しくありません。このことは、獣医療技術の高度化・多様化と相まって、小動物獣医療における動物看護師長の存在意義が高まっています。

　動物看護師長をイメージして、レベル8の学修成果指標を作成し、そのレベルに達する過程を二段階（レベル7、レベル6）に分け、コア・カリキュラムの内容から導出される指標をレベル5〜3に配した学修成果指標を作成しました。さらに、獣医療が高度化・多様化している現状を踏まえた新しい獣医療の知識・技能の修得、チーム医療化の推進にともなう対人能力、責任

感の醸成なども重要な要素です。獣医療の直接の対象は動物ですが、医療の効果に期待するのは飼い主です。獣医療サービスの提供者を飼い主として認識し、飼い主の気持ち、飼い主の情報の保護、飼い主のクオリティ・オブ・ライフ（quality of life, QOL）向上などに配慮できる資質が求められます。

　以上のような考えに基づき、認定動物看護師職種の学修成果指標を作成しました[30]。ここでは、レベル8からレベル3までの学修者プロフィールを掲げます（表2-16）。

表2-16　認定動物看護師職種の学修者プロフィール

レベル	学修者プロフィール
8	・博士（生物学） ・動物看護師長 ・チームマネジメントと一定水準以上のジェネラルな能力開発
7	・動物看護主任クラス ・チーム獣医療における中核人材
6	・自立して臨床実践ができる。
5	・チームの一員として臨床実践ができる。
4	・愛玩動物飼養管理士1級 ・動物看護師分野に対する基礎的な知見を有している。 ・基礎動物看護学を修得している。
3	・愛玩動物飼養管理士2級 ・動物看護師に対する基本的な知見を有している。 ・基礎科学（数学・物理・化学）に興味がある。 ・基礎的計算力を有している。 ・一般的な国語力を有している。

d．土木・建築分野

　土木・建築分野の職種は多様ですが、QAPHEは、専門学校を卒業後比較

的早期に中核的な業務を任される可能性が高い点を重視し、土木施工管理職種を対象として学修成果指標の作成に取り組みました。

　この職種に限らず、土木・建築分野における学修成果の把握には、他の分野にない明らかな特徴があります。それは、多岐にわたる職種について国土交通省所管の資格認定（検定）制度が充実していることです。国家資格として認定されているものだけでも、建築士、木造建築士、建築設備士、インテリアプランナー、土木施工管理技士、管工事施工管理技士、電気通信工事施工管理技士、造園施工管理技士があります。さらに、国土交通省では、平成26（2014）年度から、一定水準の技術力などを有する民間資格を、国土交通省登録資格として登録する制度を導入し、2020年3月現在では、300あまりの民間資格が登録されています[31]。これらの資格は、実務経験を経ないと受験できないものが大部分で、その受験資格や合格の難易度は、資格枠組のレベル定義に照らしてレベル6以上に相当すると考えられます。

　土木工事には、水利工事、港湾施設工事、埋立・干拓工事、鉄道工事、橋梁工事、隧道工事、上・下水道工事、道路工事、飛行場工事、運動競技場工事、宅地造成工事などがあり[32]、いずれも公共性が高く、安全面に配慮しながら、工事ごとに複数の技術を組み合わせたプロジェクトとして進められることが一般的です。

　以上を踏まえて、土木施工管理職種の学修成果指標を作成する上で、とくに考慮すべき属性（表2-13、p. 93）を中心に、土木施工管理職種の学修成果指標を作成しました。

　学修成果指標の作成にあたって、知識・専門実践技能について、国土交通省所管のどの国家資格の何級がどのレベルに相当するかについて検討しました。これらの国家資格の多くは、専門学校や大学を卒業した者に対して、受験資格の特典を与える代わりに、カリキュラムの構成要素となる科目とその学修内容を示しています。専門学校在学中、就職直後のレベル5〜3についても、これらの学修内容を参照して、上位に位置づけられる国家資格の学修内容と整合するように学修成果指標を作成しました。さらに、安全面への配

慮、公共性の高い仕事に従事する責任感、プロジェクト型業務における管理・指導技能、公共事業であるがゆえの予算・原価管理技能なども検討対象としました。

　以上のような考えに基づき、土木施工管理職種の学修成果指標を作成しました[33]。ここでは、レベル8〜3までの学修者プロフィールを掲げます（表2-17）。プロフィールとして、国家資格が充実している特徴を踏まえて、資格の具体的な名称や経験年数を中心に表現しています。

表2-17　土木施工管理職種の学修者プロフィール

レベル	学修者プロフィール
8	・博士（工学） ・技術士（総合技術監理部門） ・特別上級土木技術者
7	・技術士（各部門） ・上級土木技術者 ・環境計量士 ・コンクリート診断士
6	・1級土木施工管理技士
5	・実務経験5年（1年以上の指導監督的実務経験含む） ・2級土木施工管理技士
4	・専門学校卒業
3	・専門学校在学（1年次終了） ・基礎科学（数学・物理・化学）に興味がある。 ・基礎的計算力を有している。 ・一般的な国語力を有している。

3．学修成果測定の試行

　QAPHEが作成した学修成果指標の適切性を確認することを目的として、職業分野ごとに、専門学校と企業の協力を得て、学修成果測定の試行を実施しました[34]。表2-7（p. 82）に示した人材特性の内、学修者プロフィールを除いた8項目について、測定結果を記録するための学修成果測定シート（図2-10）をレベルごとに用意し、1枚のシートに1人の被測定者の測定結果を記録しました。ある測定項目（指標）について、そのレベルの達成状況を、5段階（十分満たしている、ほぼ満たしている、どちらとも言えない、やや満たしていない、全く満たしていない）で評価しました。専門学校では、学生を被測定者とし、担任に相当する教員が測定を行い、企業の場合には、従業員を被測定者として、その上司にあたる管理職が測定を行いました。試行測定の実施状況は、表2-18にまとめました。

図2-10　学修成果測定シートのイメージ
○○分野○○職種　レベル○　学修成果測定シート
被測定者：○○○○　　測定者：○○○○　　測定日：○○年○○月○○日

人材特性	測定項目（指標）	評　価＊					備考
		A	B	C	D	E	
知識と理解	…………			✓			
	…………		✓				
	…………			✓			
汎用的技能	…………				✓		
	…………	✓					
○○○○○○○	…………						
	…………		✓				

＊ A: 十分満たしている　B: ほぼ満たしている　C: どちらとも言えない　D: やや満たしていない　E: 全く満たしていない

表2-18　学修成果測定の試行実施状況

レベル	美容		ゲーム・CG		動物		土木・建築	
	学校	美容サロン	学校	企業	学校	動物病院	学校	企業
8								
7								
6		実務経験5年以上13社28名	高度専門課程4年生31名	実務経験1年以上4社9名		実務経験5年以上10名		実務経験5年以上11社23名
5	高度専門課程4年生5名	実務経験2年以上5年未満15社23名	高度専門課程3年生40名					実務経験2年以上5年未満4社4名
4	高度専門課程3年生12名	実務経験2年未満15社25名	高度専門課程2年生22名					実務経験2年未満6社10名
3	高度専門課程2年生17名				専門課程2年生176名		専門課程3年生20名	

　評価結果は、被測定者ごと・測定項目ごとにスコア化して、職業分野・レベルごとに各測定項目のスコア平均値を算出し、人材特性（8項目）を軸としたレーダーチャート（基準値は4）を作成しました（図2-11）[34]。これは、人材特性の8軸上に、基準値（この場合は4）とスコア値をレーダーチャート化したものです。ここでは、代表的な事例を紹介しますが、詳細は報告書[34]をご参照ください。

図2-11　レーダーチャート

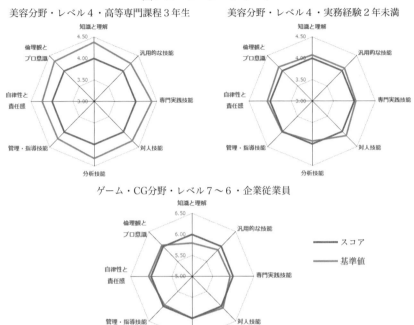

美容分野・レベル４・高等専門課程３年生 　　　美容分野・レベル４・実務経験２年未満

ゲーム・CG分野・レベル７〜６・企業従業員

　レーダーチャートの結果から、以下のような知見が得られました。第一は、学修成果指標のレベル設定は概ね適切であったと考えられます。もしレベル設定が適切でない場合には、レーダーチャート上でスコアと基準値の距離が遠くなったり、スコアの八角形がゆがんだ形になったりしますが、図2-11に示した例以外も含めて全てのレーダーチャートで、そのような現象は観察されず、学修成果指標のレベル設定は概ね適切であったと判断できます。

　第二は、専門学校における評価と比べて、企業における評価の方が厳しい傾向があります。レベル４のレーダーチャートについて、専門学校の高度美容専門課程３年生（図2-11上左図、美容師免許を取得して１年以内）と美容サロンにおける実務経験者（図2-11上右図、測定対象者の美容師免許取得後

の経過年数は同様）を比較すると、人材特性の８項目すべてで、前者のスコアが基準値を大きく上回っています。同様の結果は、ゲーム・CG分野における、レベル６の高度専門課程生と実務経験者を比較した場合にも観察されました。このような結果が観察された理由としては、自校の学生に対する教員の評価が甘いことが考えられます。

　第三に注意すべき点は、専門性の高い人材特性と汎用的技能の評価が、他の人材特性に比べて低い傾向があります。事例として、ゲーム・CG分野のレベル７・６について、企業従業員を対象として実施した学修成果測定試行結果を示してあります（図2-11下図）。８項目の特性のうち、知識と理解、専門実践技能、汎用的な技能において、スコアが基準値を下回っています。この結果についても、第二点で言及しましたように、企業においては相対的に厳しい評価となっていることが、とくに、専門性を必要とする人材特性や汎用的な技能についてみられることの表れかと思われます。同様の現象は、土木・建築分野のレベル４の測定でも観察されました。

　学修成果指標は、学修者自身がポートフォリオの中にそれを組み込むことによって、学修の進捗を確認したり、将来の学修目標を見据えたりする機会にも有用です。QAPHEは、学修者がポートフォリオシステムを活用し、専門学校や企業がその内容を参照するなど、資格枠組のレベル定義に裏づけられた学修成果指標を中心とした情報共有の仕組みの構築を進めています。この仕組みは、学修者の立場からは、図2-12に示すイメージで、キャリア形成の足跡を振り返られる仕組みです。現在、このような仕組みによって、多くの人が、可視化された、わかりやすい指標に基づいて学修を進め、成長を遂げることをサポートする取組が求められています。

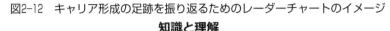

図2-12　キャリア形成の足跡を振り返るためのレーダーチャートのイメージ

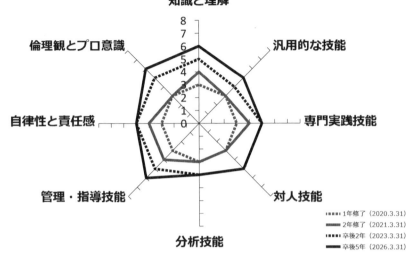

《注》

⑴　The Definition and Selection of Key Competencies: Theoretical & Conceptual Foundation.
http://www.oecd.org/education/skills-beyond-school/41529556.pdf

⑵　Griffin, P. at al（2012）Assessment and Teaching of 21st Century Skills. Springer, Dordrecht
https://link.springer.com/book/10.1007/978-94-007-2324-5#about

⑶　国立教育政策研究所
https://www.nier.go.jp/shido/centerhp/22career_shiryou/pdf/3-02.pdf

⑷　経済産業省　社会人基礎力
https://www.meti.go.jp/policy/kisoryoku/index.html

⑸　コンピテンシー　フリー百科事典『ウィキペディア（Wikipedia）』

⑹　大学改革支援・学位授与機構　Glossary 4th Edition高等教育に関する質保証関係用語集
http://www.niad.ac.jp/n_kokusai/publish/no17_glossary_4th_edition.pdf p. 54

⑺　OECD Future of Education and Skills 2030
　　http://www.oecd.org/education/2030-project/
　　OECD Education 2030プロジェクトについて
　　https://www.oecd.org/education/2030-project/about/documents/
　　OECD-Education-2030-Position-Paper_Japanese.pdf

⑻　「エージェンシー」とは、自ら考え、主体的に行動して、責任をもって社会変革を実現していく力

⑼　OECD（2007）Qualifications systems: Bridges to lifelong learning.
　　http://www.oecd.org/education/skills-beyond-school/38465471.pdf

⑽　川口昭彦（一般社団法人専門職高等教育質保証機構編）『高等職業教育質保証の理論と実践』専門学校質保証シリーズ、ぎょうせい、平成27年　pp. 116-120

⑾　EQFは、2008年に策定され、2017年に改訂された。詳細は以下を参照：The Council of the European Union（2017）Council recommendation of 22 May 2017 on the European Qualifications Framework for lifelong learning and repealing the recommendation of the European Parliament and of the Council of 23 April 2008 on the establishment of the European Qualifications Framework for lifelong learning.
　　https://ec.europa.eu/ploteus/sites/eac-eqf/files/en.pdf

⑿　CEDEFOP（2015）National qualifications framework developments in Europe, Anniversary edition. European Union, Luxembourg

⒀　コンピテンシー事業成果報告書（2020）
　　https://qaphe.com/wp-content/uploads/competency2019result.pdf

⒁　⒀ pp. 2-4　あるいはpp. 96-99を参照

⒂　⒀ p. 4　あるいはp. 105を参照

⒃　⒀ pp. 100-104　およびp. 106を参照

⒄　⒀ pp. 7-9を参照。QAPHE国際シンポジウム
　　https://qaphe.com/seminar/pastevent/20191126intersympo/

⒅　オーストラリア技能質保証機関（ASQA）と当機構（QAPHE）の交流協定
　　https://qaphe.com/info/press20180119/

⒆　川口昭彦（一般社団法人専門職高等教育質保証機構編）『高等職業教育質保証の理論と実践』専門学校質保証シリーズ、ぎょうせい、平成27年　pp. 83-88

⒇　Nusche, D.（2008）Assessment of Learning Outcomes in Higher Education:

A Comparative Review of Selected Practice. OECD Education Working Paper No. 15

⑵ ⒀ pp. 107-120を参照

⑵ ⒀ pp. 32-91を参照

⑵ 厚生労働省　美容師法概要

https://www.mhlw.go.jp/bunya/kenkou/seikatsueisei04/06.html

⑵ ⒀ pp. 107-111を参照

⑵ ⒀ pp. 112-115を参照

⑵ 一般財団法人　動物看護師統一認定機構

https://www.ccrvn.jp

⑵ 農林水産省　愛玩動物看護師法

https://www.maff.go.jp/j/syouan/tikusui/doubutsu_kango/attach/pdf/index-l.pdf

⑵ 一般財団法人　動物看護師統一認定機構　新コアカリキュラムのご案内

https://www.ccrvn.jp/sincorecurriculum.html

⑵ 農林水産省　小動物医療の現状と今後の対応

https://www.maff.go.jp/j/council/zyuizi/keikaku/attach/pdf/r1_2-2.pdf p. 9

⑶ ⒀ pp. 116-118を参照

⑶ 国土交通省　国土交通省登録資格の概要について

https://www.mlit.go.jp/common/001272307.pdf

⑶ 国立国会図書館分類のうち建設業－土木工事における分類

⑶ ⒀ pp. 119-120を参照

⑶ ⒀ pp. 32-91を参照

第三部

教育は
　　サービスビジネスである。
ゆえに「質保証」は
　　　　不可欠である。

　企業が必要とする労働者のスキルを企業内で養成するシステムが崩れ始めている最大の要因は、産業構造が変化していることです。技術革新に伴う知識・スキルの陳腐化は、労働市場の急激な変化につながり、企業の適応力を超えて、日本型雇用システムの変革を求めています。プラットフォームビジネス（platform business：サービスの提供者と顧客等をつなぐ場を提供する業態）やクラウドによる情報分散化（所有と利用の分離）などにより、20世紀までの製造業中心の産業構造が劇的に変化します。プラットフォームビジネスは、関連する多様なビジネスを巻き込み、拡大していく性質をもっています。属人的な知識やスキルは、AIで解析・共有される状態（コモディティ化）となりますから、プラットフォームに巻き込まれる企業には、大きな影響があります。

　最近の世界貿易は、目に見える製品の輸出入以外にも、各国のサービス産業によるサービスの貿易が、さまざまな形態によって行われています。世界の輸入額に占めるサービス貿易の割合は約20％にまで達しており、2030年には25％まで上昇すると予想されています（https://www.mofa.go.jp/mofaj/gaiko/wto/service/service.html）。世界貿易機関（World Trade Organization, WTO）は、サービス貿易の対象となる範囲として「政府の権限の行使として提供されるサービス（例：国営独占の場合の電力、水道事業等）以外のすべての分野におけるサービス」としています（https://www.mofa.go.jp/mofaj/gaiko/wto/service/gats_1.html#section3）。このことからも、産業構造の激変が実感できます。

　産業構造が変化することによって、当然、働き方も変わります。人間の業務と機械による業務との間で、業務のモジュール化が進みます。さらに、情報通信技術の発達により、オンライン学習やテレワークなどの導入が進みますから、時間や場所を自由に選択できる学び方や雇用によらない働き方（ギグ・ワーク、p. 27）が、今後ますます広がっていくことが予想されます。働くこと自体の意味も変わってきます。人間が今まで担ってきた仕事は、AIやロボットによって代替され、人間の労働力の投入がなくても生産量を

あげることが可能になります。この結果、私たちは、AIにはできない「想像的・創造的」知の創出に注力することになりますから、今までのような知識・スキルの実装に重点をおいた教育内容・手法は変わりますし、その質保証も今までとは異なる視点が必要になります。

第1章

世界貿易機関が定義するサービスビジネス

　農業製品や工業製品の貿易によって、世界は発展してきました（第一部第1章、p. 9）が、今や、サービス貿易が世界貿易機関（WTO）の重要な議題となっています。WTO事務局は、サービス貿易の議論を進めるにあたり、サービス分野の分類表を作成しました[1]。その中に「教育サービス」が含まれていますので、高等教育は貿易産品の一つとなっているわけです。

第1節　高等教育は貿易産品

　サービス貿易は、従来からの財（モノ）の取引という貿易とは異なる形式です。これは、ある国の運輸、通信、保険、金融等のサービスを他国が利用できる形で提供されています。世界的にサービス化・ボーダーレス化が拡大する中で、私たち自身が身近な生活においてサービス貿易を行っています。たとえば、保険や証券などの海外進出がこの例です。また、個人が国内旅行で、外国資本の経営するホテルに宿泊すれば、その個人はサービス貿易によってサービスを受けていることになります。

　サービス貿易を促進する安定的基盤を提供するために、サービスの貿易に関する一般協定（General Agreement on Trade in Services, GATS、1995年発効）が、国際的な規律を定めています。経済連携協定（Economic Partnership Agreement, EPA）をはじめとする二国間あるいは多数国間の協定を通じて、サービス貿易のさらなる自由化の取組も推進されています。EPAは、物品およびサービス貿易の自由化に加えて、貿易以外の分野、たとえば、人の移動や投資、政府調達、二国間協力等を含めて締結される包括的な協定です。WTO事務局は、サービスを大まかに12項目に分類[1]し、各項目の中で

複数の分野を定義しました（表3-1）。さらに、サービス貿易について、四つの形態を示しました（図3-1）。

表3-1　WTO事務局のサービス分類[1]

1	実務サービス（6サービス分野）
2	通信サービス（5サービス分野）
3	建設サービスおよび関連のエンジニアリングサービス（5関連工事）
4	流通サービス（5サービス分野）
5	教育サービス 　A．初等教育サービス 　B．中等教育サービス 　C．高等教育サービス 　D．成人教育サービス 　E．その他の教育サービス
6	環境サービス（4サービス分野）
7	金融サービス（3サービス分野）
8	健康に関連するサービスおよび社会事業サービス（4サービス分野）
9	観光サービスおよび旅行に関連するサービス（4サービス分野）
10	娯楽、文化およびスポーツのサービス（5サービス分野）
11	運送サービス（9サービス分野）
12	いずれにも含まれないその他のサービス

図3-1　サービス貿易の形態(2)

第1モード:越境取引
提供国のサービス事業者が、自国に居ながらにして
外国にいる顧客にサービスを提供する。

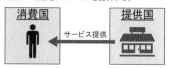

第3モード:拠点設置
提供国のサービス事業者が、外国に支店・現地法人などの
拠点を設置してサービスを提供する。

第2モード:国外消費
消費国の人が、外国に行った際に現地のサービス
事業者からサービスの提供を受ける。

第4モード:自然人移動
招聘外国人アーティストによる娯楽サービス、
外国人技師の短期滞在による保守・修理サービスなど

　教育サービスは、第5項目にあげられています。現在でも貿易の観点か
ら、高等教育について市場開放の交渉が継続していますが、このような
GATSの議論とは無関係に、日本人学生の海外機関への留学、外国人留学生
の受け入れ、海外分校・キャンパスの設置、MOOCs（massive open online
courses、オンライン世界発信）など国境を越えた高等教育の提供（第2節
参照）は、増加の一途をたどっています。人々が国境を越えて知的な職業に
就くことが日常的になり、このような労働への資格を与える教育訓練サービ
スそのものが、有益な貿易産品となりつつあります。中世以来、高等教育機
関においては、学生や教員が国境を越えて移動し、国際的な学術活動をする
ことは決して珍しいことではありませんでした。1980年代には社会の情報化
が大きく進み、知識や情報の産業的価値が強く意識されるようになりまし
た。その中で、それ以前まで、どちらかと言えば公共性と関連して語られる
ことが多かった高等教育訓練が、貿易産品ともなりうる知識サービス産業と
して捉えられるようになったわけです。

第2節　高等教育のグローバル化

　高等教育のグローバル化（国際化）が、どのように進展してきたかを考え
てみます[3]。当初は学生や教員の海外への留学が中心でした。その後、大学
などの教育機関による海外分校・キャンパスの設立、さらにMOOCsへと動
いています。人材の教育を比喩的に「教育材の生産」と考え、物的財と教育
財の国際移動について比較してみます（図3-2）。物的財では、国内生産の段
階から輸出・輸入、海外進出、そしてグローバルビジネスネットワーク化と
動いてきました。教育財の動きは、20～30年程度のタイムラグはあります
が、物的財のそれと同じような変化となっています。また、サービス貿易の
4モード（図3-1）との類似性も理解できます。

図3-2　教育財と物的財の国際移動

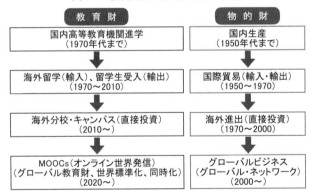

　1970年以前までは、国内高等教育機関への進学が中心でしたが、1970年頃
からは学生の海外留学が始まりました。学生や教員が、海外留学によってコ
ンピテンシーを習得し、帰国して日本社会に貢献するわけですから「教育財
の輸入」になります。その後、留学生10万人計画[4]に続く留学生30万人計画[5]
のような留学生の受け入れがありました。これは、外国人留学生が日本の教

育機関で教育を受けて、彼らが自分の国の社会に貢献するわけですから「教育財の輸出」にあたります。

　このような「留学」は、学生や教員個人が国境を越えて移動するわけですが、2010年頃から、教育機関自体が海外分校・キャンパスを設置する動きがみられるようになりました。高等教育機関にあえて「教育財生産者」という言葉を使うと、これは、まさに「教育財生産者の直接投資」と言えます。教育財が、海外分校・キャンパスで、直接生産されるわけです。

　そして、今や、MOOCsの時代に突入しています[6]。これは、インターネットを介して、世界中で誰でも、どこにいても講義を受けることができますから、学生や教員が国境を越えて移動する必要がないわけです。要するに、教育という無形物が全世界を駆け巡るような状況にまで達しようとしています。MOOCsのような世界的な規模ではなくても、分野ごと、あるいは機関ごとにオンライン学習が活用されています。

第3節　留学生政策：量から質へ

　世界の留学生総数は530万人を超えて、各国の留学生政策は政治経済的戦略として外交・文化政策のもとに展開されるようになっています[7]。最近の約20年間の留学生受け入れ主要国の変化（図3-3）からもいくつかの国の戦略を窺い知ることができます。

　アメリカ合衆国の世界における留学生占有率は、2001年に28%でしたが、2019年には21%に低下しています。これは、留学生数は増加しているものの、他の受け入れ国が増えた結果です。2019年には、中国、カナダ、ロシアが登場していますが、中国に注目してみましょう。中国は、留学生の送り出し国として、筆頭にありますが、受け入れ国としても、韓国、アメリカ合衆国、インドネシア、インドなどから留学生を受け入れています。世界全体の留学生動向は、かつては開発途上国から先進国へ、あるいは先進国同士の移動という方向が主流でした。しかし今や、アフリカあるいは中東からアジア

図3-3　世界の留学生受け入れ主要国とその割合[8]

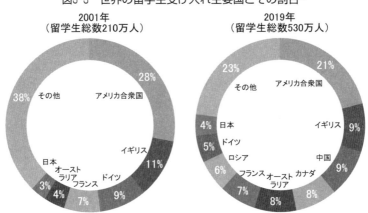

2001年
（留学生総数210万人）

2019年
（留学生総数530万人）

への地域間移動、南北間の旧来からある序列を超えた新たな動きなどがみられます。留学生移動は社会的環境変化に大きく影響されますので、両者の関係を分析してみましょう（コラム3-1）。

コラム 3-1

留学生政策に影響する社会的要因
①経済的要因：経済発展を担う人材育成政策や雇用動向
②政治的要因：国際関係の動向や留学生政策
③高等教育体制あるいは機関の要因：学位・資格プログラムの質保証

　大幅な社会変革に対応するために、これからの経済発展を担う人材育成政策や雇用動向を反映した経済的要因が、第一にあげられます。各国政府は、留学生数より優秀な人材の確保と育成に重点を置くようになっています。また、学生自身も、留学によって将来のキャリアをどのように展開できるかという点を重要視する傾向にあります。

　第二が、国際関係の動向や留学生政策などの政治的要因です。中国が最近、アフリカ、南アジアや中南米との関係強化を図る一環として、人材育成支援のために留学生を受け入れています。アメリカ合衆国では、留学ビザ規

制が強化されて、とくに中東諸国からの留学生に影響が出ています。

　第三は、高等教育体制・機関の関係する要因です。教育財の国際移動（図3-2）で述べましたように、学生だけでなくプログラムや教育機関そのものが移動するようになり、さらにオンラインを活用したMOOCs等が展開しています。また、日本・中国・韓国の三ヵ国によるキャンパス・アジア[9]やEUのエラスムス・プラス[10]など、地域を単位とした連携も積極的に展開されています。このような国境を超えた（transnational）高等教育の重要な課題は、プログラムの内容と質保証の問題です。学生は、質のより高い価値のある学位・資格を求めます。大学ランキングや有名校としてのブランドは、必ずしもプログラムそのものの質の高さを反映した情報とはなっていないかもしれませんが、目に見える形での指標として注目されているのが現状です。留学生受け入れ国（あるいは機関）では、これまで以上に、そこでの学位・資格プログラムの質が問われることになります。

　日本に在学する外国人留学生は、31万人（2019年５月時点）を超えました（表3-2）。2020年までに留学生30万人をめざす政府の計画[5]は達成されたことになります。しかしながら、留学が就労目的で来日する抜け道にもなっていることは懸念されます。

　留学生10万人計画[4]では、「開発途上国の人材養成への協力」が強調されていましたが、留学生30万人計画[5]では、わが国のグローバル化戦略の一環として「優秀な留学生の獲得」が謳われています（コラム3-2）。留学生の受け入れ数は目標を達成したかもしれませんが、学生数の増加のみを優先するのではなく、留学生を含めた次世代社会を担う人材が育っているのかを検証し、取得した学位・資格の視点からみたプログラムの国際的通用性に関する質保証が必要です。

表3-2　在学段階別外国人留学生数[11]

在 学 段 階	留学生数（人）
大学院	53,089
大学（学部）	89,602
短期大学	2,844
高等専門学校	506
専修学校（専門課程）	78,844
準備教育課程	3,518
日本語教育機関	83,811
合　　　計	312,214

＊2020年5月1日現在

コラム 3-2

　留学生30万人計画の趣旨
　日本を世界により開かれた国とし、アジア、世界との間のヒト、モノ、カネ、情報の流れを拡大する**「グローバル戦略」**を展開する一環として、2020年を目途に留学生受入れ30万人を目指す。その際、高度人材受入れとも連携させながら、国・地域・分野などに留意しつつ、**優秀な留学生を戦略的に獲得**していく。また、引き続き、アジアをはじめとした諸外国に対する知的国際貢献等を果たすことにも努めていく。

《注》

(1) United Nations（1991）Provisional Central Product Classification
https://www.tralac.org/files/2013/12/UN-CPC-Provisional-central-product-classification.pdf
外務省　WTO事務局のサービス分類
https://www.mofa.go.jp/mofaj/gaiko/wto/service/gats_4.html

(2) 外務省　サービス貿易の４態様
https://www.mofa.go.jp/mofaj/gaiko/wto/service/gats_5.htmlを参考に著者が作成

(3) 独立行政法人大学改革支援・学位授与機構編著『高等教育機関の矜持と質保証—多様性の中での倫理と学術的誠実性』大学改革支援・学位授与機構高等教育質保証シリーズ、ぎょうせい、2019年、pp. 65-69

(4) 文部科学省　留学生受入れ10万人計画
https://www.mext.go.jp/b_menu/hakusho/html/others/detail/1318576.htm

(5) 文部科学省　「留学生30万人計画」骨子
https://www.mext.go.jp/a_menu/koutou/ryugaku/__icsFiles/afieldfile/2019/09/18/1420758_001.pdf

(6) 独立行政法人大学評価・学位授与機構編著『大学評価文化の定着—日本の大学は世界で通用するか？』大学評価・学位授与機構大学評価シリーズ、ぎょうせい、2014年、pp. 36-38

(7) 2019 Project Atlas Infographics
https://www.iie.org/en/Research-and-Insights/Project-Atlas/Explore-Data/Infographics/2019-Project-Atlas-Infographics

(8) (7)を参考に著者が作成

(9) 独立行政法人大学評価・学位授与機構編著『大学評価文化の定着—日本の大学は世界で通用するか？』大学評価・学位授与機構大学評価シリーズ、ぎょうせい、2014年、pp. 114-131

(10) 駐日欧州連合代表部、日・EU学術関係（エラスムス・プラス）
https://eeas.europa.eu/delegations/japan_ja/19233/日・EU学術関係（エラスムス・プラス）

(11) 独立行政法人日本学生支援機構　2019（令和元）年度外国人留学生在籍状況調査結果

https://www.jasso.go.jp/about/information/press/jp2020042301.html

---

第2章

情報公開と教職員の意識改革

　Society 5.0（創造社会）に向けて、テクノロジーの急速かつ継続的な進化、グローバル化の進展の中で、社会は個人個人の相互依存を深めつつより複雑化・個別化しています。創造社会が求めているのは、基礎的な知識と汎用的なスキルを基盤として、自律的に責任ある行動ができる人材です（コラム3-3）。

コラム 3-3

Society 5.0が求める人材像は、
- **基礎的で普遍的な知識・理解と汎用的なスキル**をもち、
- その知識やスキルを活用でき、
- **ジレンマを克服する**ことも含めた**コミュニケーション能力**をもち、
- **自律的に責任ある行動**をとれる人材

　このような背景のもとに、中央教育審議会は「2040年に向けた高等教育のグランドデザイン」（以下「グランドデザイン答申」と略記します。）を公表しました[1]。予測困難な時代に、学生たちは、高等教育の修了後も含めて、常に学び続けなければなりません。学生自身が目標を明確に意識しつつ主体的に学修に取り組むこと、その成果を自ら適切に評価し、さらに必要な学びを求めていく自律的な学修者となることが肝要です。グランドデザイン答申は、「学修者本位の教育」を掲げ、高等教育改革の実現すべき方向性として次の2点を強調しています。
- 高等教育機関がその多様なミッションに基づき、学修者が「何を学び、身につけることができるか」を明確にし、学修者自身が学修成果を実感できる教育を行う。

・各教育機関は多様で柔軟な教育体制を整備し、このような教育が行われていることを確認できる質保証のあり方へ転換する。

　すなわち、単に個々の教員が教えたい内容ではなく、学修者自らが学んで身につけたことを社会に対し説明し納得が得られる内容となるような「個々人の可能性を最大限に伸長する教育」への転換が求められています。

　各教育機関が、それぞれの強みと特色を生かして、学修者本位の観点からその教育を充実するために、学生の学修成果や機関全体の教育成果に関する情報を自発的・積極的に公表していくことが必要です。また、地域社会や産業界等の外部からの声や期待を意識し、社会からの信頼と支援を得るために、さらに、社会からの評価を通じた学修の質向上を図るためにも、情報の公表を積極的に進めることが重要です。

　学修者本位の教育の実現とは、各教育機関の既存のシステムを前提とした「供給者目線」を脱却し、課程（プログラム）が学生の必要なコンピテンシーを身につける観点から最適化されているかという「学修者目線」で教育を捉え直す根本的かつ包括的な変化を各学校に求めています。この抜本的な改革のためには、教育機関構成員、とくに教職員の意識改革が不可欠です。

第1節　情報公開とポートレート

　高等教育機関が、その学修・教育活動に関する情報を公表する意義として、説明責任の観点が強調されてきました（表3-3）。最近は、教育機関自らが社会に対して公表する取組そのものが、各教育機関の学修・教育の質の維持・向上に向けた動機となり、関連する取組を促す側面があると考えられ、学修・教育の質向上という観点からも、情報公開の意義が位置づけられています。

表3-3　高等教育機関の学修・教育活動に関する情報を公表する意義

・学生や学費負担者、入学希望者等の直接の関係者に対し、学生がどのようなプログラムにおいて、どのような能力等を身につけることができるのか、適切な学修教育環境が整備されているか等を具体的に提示する。
・教育機関が、広く有形無形の支援を受けている社会に対し、教育という公共的使命を担う社会的存在として、学修・教育に関する情報を積極的に公表する。

　さらに、地域社会や産業界等の社会と教育機関との関係は、職業教育や課題解決型教育プログラムの共同構築等、これまでにない深化が期待されています。地域社会や産業界等と恒常的な連携・協力関係を構築するためにも、機関からの具体的な情報の発信が求められます。各教育機関が、地域社会や産業界等の外部からの声や期待を意識し、積極的に情報公開を行っていくことにより、その声や期待に応えていることを示すことが肝要です。教育活動は多岐にわたっており、個々の活動が相互に関係している場合が多いことから、情報公開を進めるにあたり、さまざまな情報を組み合わせて、機関全体の姿をできるだけ包括的に描き出す必要があります。卑近な例をあげれば、厳格な成績評価を実施すれば、これに伴って修業年限内での卒業率や中途退学率に影響が及ぶことは十分予想できます。このように個々の情報が単独で示すことのできる内容には限界があります。その数字が何を意味し、なぜそのような結果になるのか、どのような情報と組み合わせて参照することが重要であるのか、どのようにその結果への対応を図るかを含めて、各学校における分析や解説を、その根拠とともに公表することにより、教育の質を判断する情報の一つとして活用しなければなりません。

　大学では、2004年度から認証評価が実施されたこともあって、ホームページ等で公表される情報の量は飛躍的に増加しました。しかし、公表方法についての統一的ルールが存在しなかったために、情報利用者の目的とする情報が検索されにくい状況となっていました。この状況の改善の目的で、文部科

学省は「データベースを用いた教育情報の活用・公表のための共通的な仕組みの構築」を提言しました[2]。その提言を受け、「大学ポートレート（仮称）準備委員会」での検討に基づいて、独立行政法人大学評価・学位授与機構（当時、現在「大学改革支援・学位授与機構」）に大学ポートレート運営会議および同センターが設置（2014年 7 月）され、ウェブサイトを通じた大学の教育情報の提供の仕組みとしての「大学ポートレート」が開始されました（2014年10月）。現在では、国公私立の大学・短期大学900校以上が参加し、大学・短期大学ごとに、「教育上の目的等」「入試」「進路」「教員」「キャンパス」「学部・研究科等の特色」「教育課程（カリキュラム）」「学費・奨学金等」「学生」の情報が掲載されています[3]。大学ポートレートは、一つひとつの大学・短期大学の情報量は多くなっていますが、一つのウェブサイト上で、複数の大学・短期大学の情報を検索できる情報の公表という意味で重要な役割を果たしています。

　このような情報公開を促進する流れは専修学校でもみられます。専修学校については、文部科学大臣の認定する職業実践専門課程（コラム3-4）が誕生（2013年）しました[4]。職業実践専門課程の認定要件の一つとして、「企業等との連携及び協力の推進に資するため、企業等に対し、当該専修学校の教育活動その他の学校運営の状況に関する情報を提供していること。」[5]が掲げられています。職業実践専門課程認定制度では、提供する情報の具体化・集約化を図った「職業実践専門課程の基本情報について」の様式を定め、この様式に記入した情報を、認定校のホームページ上に公表することが求められています（表3-4）。

コラム 3-4

職業実践専門課程は、
専修学校の専門課程であって、**職業に必要な実践的かつ専門的な能力を育成**することを目的として専攻分野における**実務に関する知識、技術及び技能について組織的な教育**を行うもの。

表3-4 「職業実践専門課程の基本情報について」の様式に記述する主なデータ

データの種類	データ項目の例
学 科 ・ 課 程	認定課程名、認定学科名、分野、学科の目的、修業年限、昼夜区分
学 校 ・ 設 置 者	学校名、設置認可年月日、校長名、所在地、設置者名、設置者代表者
学 修 時 間	修了に必要な学修時間数、講義、演習、実習、実験、実技等の時間数
学 生 数	生徒総定員、生徒実員、留学生数
教 員 数	専任教員数、兼任教員数、総教員数
各 種 制 度	学期制度、長期休み、学修支援、成績評価方法、卒業・進級条件、課外活動等
就 職 等 の 状 況	主な就職先・業界等、就職指導内容、卒業者数、就職希望者数、就職者数、就職率、卒業者に占める就職者の割合、その他（進学者数など）
中途退学の現状	中途退学者数、中退率、中途退学の主な理由、中退防止・中退者支援のための取組
主 な 学 修 成 果	国家資格・検定／その他・民間検定等（名称、種別、受験者数、合格者数）、その他
経済的支援制度	学校独自の奨学金・授業料等減免制度の有無、専門実践教育訓練給付対象・非対象
第 三 者 評 価	第三者評価の有無（有の場合、評価団体名称、受審年月、評価結果）
教育課程編成	教育課程編成における企業等との連携の考え方、教育課程編成委員会の情報（委員名簿、開催状況など）
企 業 連 携 授 業	基本方針、連携内容、具体的な科目名と連携内容、連携企業名
企 業 連 携 研 修	基本方針、研修実績（名称、頻度、内容）、研修計画
学校関係者評価	基本方針、評価項目、評価結果の活用状況、評価委員会名簿、公表方法
情 報 提 供	基本方針、公表項目、情報提供方法
授 業 科 目	各授業科目の名称、分類、概要、配当年次、時間数、授業方法、場所、教員

（注）　職業実践専門課程は「学科」単位に認定されるため、この表には「学科」のデータを記入する。

　この様式は、文部科学省のホームページで表計算ソフト形式のファイルとして提供されています。認定校は、このファイルをダウンロードして必要事項を記入してPDF形式のファイルに変換し、自校のホームページの任意の場所に公表しています[6]。様式は、集約化・標準化されており、Ａ４用紙の約４ページに相当する分量で、認定課程の詳細な情報を知ることが可能です。この情報公開方式は、標準化が進んでいるという意味では優れた仕組みですが、欠点も指摘されています（表3-5）。とくに、①については、全国専修学校各種学校総連合会（全専各連）の手引書[7]が、「専門学校のトップページの上部の目立つ部分に一定の大きさの所定の共通表記（文部科学大臣認定「職業実践専門課程」学校情報公開）のバナーを表示すること。」としています。しかしながら、この記述に沿ってバナーが表示されていない例や、リンク先のページが見つからない例なども多数見受けられます。

表3-5　職業実践専門課程の情報公開方式の欠点

① ホームページに公開する場所が学校の判断に委ねられているために、検索が容易でない。
② 公開されている情報が、年度ごと・課程ごとに一つのファイル形式であるため、課程間比較、時系列比較がしにくい。
③ 公開されている情報は、PDF形式が大部分であるため、数値として活用しにくい。
④ 様式は決まっているが、自由度の高い項目も多く、学校間の統一感に乏しい。

　QAPHEは、このような現状を改善するために、文部科学省委託事業として、「職業実践専門課程の基本情報について」に掲載された情報（以下、「基本情報」）をデータベース化し、職業実践専門課程ポートレートとして公表する取組（以下、「ポートレート事業」と略記します。）を進めています[8]。
　ポートレート事業は、標準化された基本情報について、データベースとして編集・参照を可能にするシステムの構築を目的としています。このシステ

ムでは、認証された学校ユーザーがデータベースを編集（画面例、図3-4）し、あらゆるユーザーがそれを参照（画面例、図3-5）できるようになっています。

図3-4　ポートレートの編集画面例

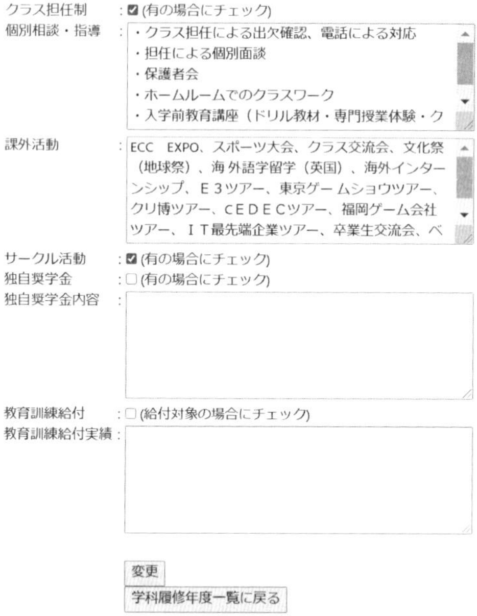

クラス担任制　　　：☑(有の場合にチェック)

個別相談・指導　　：
・クラス担任による出欠確認、電話による対応
・担任による個別面談
・保護者会
・ホームルームでのクラスワーク
・入学前教育講座（ドリル教材・専門授業体験・ク

課外活動　　　　　：
ECC EXPO、スポーツ大会、クラス交流会、文化祭（地球祭）、海外語学留学（英国）、海外インターンシップ、E 3ツアー、東京ゲームショウツアー、クリ博ツアー、CEDECツアー、福岡ゲーム会社ツアー、I T最先端企業ツアー、卒業生交流会、ベ

サークル活動　　　：☑(有の場合にチェック)
独自奨学金　　　　：☐(有の場合にチェック)
独自奨学金内容　　：

教育訓練給付　　　：☐(給付対象の場合にチェック)
教育訓練給付実績　：

[変更]
[学科履修年度一覧に戻る]

図3-5　ポートレートの参照画面例

成績評価

成績評価	有
成績評価の基準・方法	■ 成績評価の基準・方法 授業出席率が75%以上であること。 総合評価点が50点以上であること。
卒業・進級条件	（卒業の要件）　卒業該当学年の各コースに設定された単位のうち、５４単位を修得しているものに対して、学年末に卒業判定会議を開催し、学校長が卒業を認定する。（進級の要件）　進級該当学年の各コースに設定された単位のうち、５８単位を修得しているものに対して、学年末に進級判定会議を開催し、学校長が進級を認定する。

課外活動

課外活動の種類	ＥＣＣ　ＥＸＰＯ、スポーツ大会、クラス交流会、文化祭（地球祭）、海外語学留学（英国）、海外インターンシップ、Ｅ３ツアー、東京ゲームショウツアー、クリ博ツアー、ＣＥＤＥＣツアー、福岡ゲーム会社ツアー、ＩＴ最先端企業ツアー、卒業生交流会、ベトナム海外研修、東京作品発表会　等
サークル活動	有

経済的支援制度

学校独自の奨学金・授業料等減免制度	無
学校独自の奨学金・授業料等減免制度内容	
専門実践教育訓練給付	非給付対象
前年度給付実績	

　ポートレート事業は、一般公表して参加校を募る段階（2020年８月現在）ですが、検索結果画面に表示された日本語を英語と中国語に機械翻訳（自動翻訳）する仕様や、東京規約の締結により設立された高等教育資格承認情報センター[9]の高等教育機関検索機能（図3-6）との連携仕様[10]などを追加し、その役割の発展・拡張をめざしています[11]。

図3-6　高等教育資格承認情報センター（NIC）の高等教育機関検索画面

第2節　ファカルティ・ディベロップメント（FD）とスタッフ・ディベロップメント（SD）

　教育機関にとって、教員の資質能力の向上（ファカルティ・ディベロップメント、FD）は恒久的かつ日常的な課題です。1947年（昭和22年）に制定された教育基本法第9条では、「法律に定める学校の教員は、自己の崇高な使命を深く自覚し、絶えず研究と修養に励み、その職責の遂行に努めなければならない。」と定め、FDの必要性を概念的に謳っています。この条文は、2006年（平成18年）の大改正により、第9条第2項として、「前項の教員については、その使命と職責の重要性にかんがみ、…（中略）…養成と研修の充実が図られなければならない。」が追加され、FDの必要性について一歩踏み込んだものとなりました。

　教育基本法の精神に基づき、大学の場合、大学設置基準の第25条の3において、「大学は、当該大学の授業の内容及び方法の改善を図るための組織的な研修及び研究を実施するものとする。」とされています。また、同設置基準の改正（2017年）により、「大学は、当該大学の教育研究活動等の適切か

つ効果的な運営を図るため、その職員に必要な知識及び技能を習得させ、並びにその能力及び資質を向上させるための研修（第25条の3に規定する研修に該当するものを除く。）の機会を設けることその他必要な取組を行うものとする。」（第42条の3）とされ、教員だけでなく、職員についてもその資質能力の向上（スタッフ・ディベロップメント、SD）を図ることが義務化されました。

　専修学校については、職業実践専門課程の認定要件[12]の一つとして、「企業等と連携して、教員に対し、専攻分野における実務に関する研修を組織的に行っていること。」[13]が掲げられています。この要件は教員に関することですが、小規模な専修学校が多いため、教員の役割は幅広く、大学であれば職員の業務に相当するものも担当したり、逆に、職員が個々の学生の学習相談を引き受けるなど、教員と職員の業務に重なりが多く、この要件は実質的にFDとSDのための研修を求めるものとなっています。職業実践専門課程のもう一つの認定要件として、「学校教育法施行規則第189条において準用する同規則第67条に定める評価を行い、その結果を公表していること。」[14]があります。この「評価」とは学校関係者評価で、一般的に授業改善を目的としたアンケート等の実施結果に対する評価が求められるため、この認定要件も実質的にFDの取組も求めるものとなっています。

　FD・SDは、単に「教職員の能力の向上」や「教学に関わる情報の収集と分析」という従来からの範囲だけの活動として捉えることはできません。現在の高等教育のキーワードは「学修者本位の教育」ですから、FD・SDは、これを実現する目的で実施されるべきです（コラム3-5）。さらに、教育活動の改善・向上という側面ももっている重要な活動として認識されなければなりません。以上のような観点から適切な内容・水準で実施される必要があります。

コラム 3-5

> FD・SDは、
> **学修者本位の教育を実現**する目的で行われるものであり、**教育活動の改善・向上に資する**重要な活動である。このような観点から**適切な内容・水準**で行われる必要がある。

「学修者本位の教育」のポイントは、学校の卒業・修了認定方針の下に学生の能力を育成するプログラムがあり、各授業科目はそれを支える構造となっていることです。したがって、授業科目レベルについては、職業教育プログラムにおける個々の授業科目を担当する個々の教員が、プログラムの全体方針と個々の授業科目との関係を理解・認識することや、個々の教員に対し高等職業教育の教員に一般に求められる基礎的な知識・スキルおよび教育を担う教員として望ましいコンピテンシーを身につけるためのFD・SDが、確実に実施されることが必要です。今や、生涯にわたって学び続ける力、主体的に考える力をもち、修得した専門知識・スキルを社会で活用していく能力を備えた人材を育成するためには、従来のような知識・スキルの伝達・注入を中心とした授業のみならず、能動的学修（アクティブ・ラーニング）の活用が求められています。したがって、有効なアクティブ・ラーニングを進める能力、情報収集から課題解決まで主体的に取り組んでいく探求型学修を促す授業方法、情報通信技術（ICT）の活用法などが重要なテーマとなっています。

専修学校では、全専各連や各種団体による教職員を対象とした研修会・セミナーの受講、学内研修や授業評価アンケートの実施など、FDやSDの取組が実施されています。しかし、専修学校は規模が小さく、教職員の数が少ないため、FD・SDを目的とした研修のためにまとまった時間を取ることがむずかしいのが現状です。前記の研修会やセミナーも1日か2日程度の研修が多く、そのテーマも職業分野に特化した内容である場合がほとんどです。カリキュラムの設計や授業の方法、学生の心理や態度の本質的な理解、学校の

運営方法などについて、体系的に整理された総合的な研修機会は見受けられません。教員を対象にしてその資質能力向上を目的とした専門職大学院もありますが、現時点では、小中高教員を対象とした教職大学院がその中心をなしており、専門学校教員を対象にしたもの、あるいは、職業教育の立場から専門職養成機関の教職員を対象としたものは、ごく一部の専門職大学院に限られています。このような現状から、専修学校教員を対象として、適切な期間を設定して、オンライン学習なども活用した効率的なリカレント教育機会が求められています。

　QAPHEは、まとまった研修時間を取りにくい専門学校教職員を対象として、オンライン学習システムを活用したFD・SDプログラムの開発に取り組みました[15]。最初に、十数校の専修学校に対してニーズ調査を行いました。この調査結果を分析して、プログラムでは、教職員全般に対する総合的な資質能力向上を目的として、科目は5区分（表3-6）に分類して体系化しました[16]。A・B区分は、専門職教育機関の教員・職員として、必須科目と位置づけられています。Cは主に教員が授業を運営する上で役立つものと、Dは主に職員が学校を運営する上で役立つものと、それぞれ位置づけられていま

表3-6　開発したFD・SDプログラムの体系区分

ID	区分名称	内　　容
A	基　本　科　目	専門職教育の意義・方針の理解を促進する。
B	学修者支援科目	生徒・受講者の学修特性、キャリア形成の特性などの理解を促進する。
C	授業運営科目	教員として、授業の効率や効果を高めることに役立つ知識・方法を学修する。
D	学校運営科目	専門学校の職員として、学校の運営・経営を効率的・効果的に進めることに役立つ知識・方法を学修する。
E	研修企画科目	学内研修を企画し、自ら実施する能力を育成する。

す。Eは、A〜Dの各科目を受講した研修担当者が、内部質保証の観点か
ら、学内のFD・SDを推進するものとして位置づけています。FD・SDプロ
グラムは、オープンソースの学習管理システムとして、Moodleを使ったオ
ンライン講座として実現しました（図3-7は画面例）。

図3-7　FD・SDプログラムの画面例

　この講座は、全国の専門学校教職員200名以上が受講し、一定の成果をあ
げることができました[17]。このプログラムを実施した結果、プログラム受講
は任意であるため、受講修了証の発行を含めた一つの制度としての確立を求
める声が多数あがりました。QAPHEは、そのリクエストに応えるために、
FD・SDプログラムの履修証明プログラム化の取組を進めています[18]。履修
証明制度は、60時間の学習を行った上で修了要件を満たせば、大学等が学校
教育法第105条に基づく履修証明書を発行できる制度です。このプログラム

実現に深くかかわった星槎大学大学院教育実践研究科の協力を得て、同研究科が「専門職教育支援士」という履修証明書を発行するプログラムに取り組んでいます（表3-7）。

表3-7　「専門職教育支援士」履修証明プログラムの履修科目表[19]

ID	区分名称	科　　　　　目	学習時間
A	基 本 科 目	プロフェッショナルディベロップメント	2
		専門職教育における三つのポリシー	2
		リカレント教育―生産性向上に貢献する―	2
		専門職教育質保証の基礎と実践	2
		学修成果・教育成果の可視化	2
B	学修者支援科目	カウンセリング能力	6
		キャリアの形成と発展	5
		発達障害	3
C	授業運営科目	カリキュラムデザイン	3
		ファシリテーション	3
		学習指導能力	6
		学級運営	6
		IT活用教育実践	3
D	学校運営科目	教育課程編成委員会・学校関係者評価の運用	2
		説明責任と情報公開	2
		専門学校経営におけるガバナンスとマネジメント	6
		専門職教育質保証の実務	4
		授業改善の実務	3
E	研修企画科目	研修方法論	5
合　　計			67

　履修証明制度は、学位取得課程より短期間で修了可能な国の仕組み[20]で、すでに社会人として一定のスキルを身につけた者のキャリア・アップ、キャリア・チェンジなど、リカレント教育機会として普及が期待される制度です。専修学校の教職員も例外ではなく、他の産業でキャリアを積んだ者が、専修学校の教職員として転職を図る例は少なくありません。その意味でも、大学等の教育機関が履修証明制度を活用し、リカレント教育にふさわしい教育機会を提供することが期待されます。QAPHEは、FD・SD履修証明プログラムを効率的、効果的に開発するためのフレームワーク構築に取り組んでいます。

《注》

(1)　中央教育審議会（2018）2040年に向けた高等教育のグランドデザイン（答申）
　　　https://www.mext.go.jp/content/20200312-mxt_koutou01-100006282_1.pdf

(2)　文部科学省（2011）大学における教育情報の活用・公表に関する中間まとめ
　　　https://www.mext.go.jp/b_menu/shingi/chousa/koutou/44/toushin/1310842.htm

(3)　大学ポートレート　https://portraits.niad.ac.jp/index.html

(4)　文部科学省　「職業実践専門課程」の創設について
　　　https://www.mext.go.jp/a_menu/shougai/senshuu/1339270.htm　なお、職業実践専門課程は、学科あるいはコース、専攻を単位として認定され、認定課程を有する学校は習慣的に職業実践専門課程認定校とよばれている。

(5)　文部科学省告示第133号「専修学校の専門課程における職業実践専門課程の認定に関する規程」第2条第8項

(6)　一部の学校は、この様式と同様のページを編集し、Webページとして表示している。

(7)　全国専修学校各種学校総連合会（2015）「職業実践専門課程」に係る手引書
　　　https://www.mext.go.jp/b_menu/shingi/chousa/shougai/027/shiryo/__icsFiles/afieldfile/2015/07/08/1359467_14.pdf

(8)　QAPHEは、令和元年度文部科学省、職業実践専門課程等を通じた専修学校の質保証・向上の推進、「職業実践専門課程に相応しいポートレートシステムの

要件定義」を受託した。その詳細は、QAPHEの文部科学省委託事業のホームページに掲載してある。　https://qaphe.com/mext/

⑼　高等教育資格承認情報センターは、ユネスコの高等教育の資格の承認に関するアジア太平洋地域規約（通称：東京規約）に基づく、日本公式の国内情報センター（National Information Center, NIC）であり、高等教育資格の円滑な承認に資する教育情報を提供している。
https://www.nicjp.niad.ac.jp/site/mission.html

⑽　2020年 8 月現在、NICの高等教育機関検索において、専修学校職業実践専門課程が検索したとき、 ポートレートにリンクする仕様を検討している段階である。

⑾　QAPHEは、この発展・拡張を実現するために、令和 2 年度文部科学省、職業実践専門課程等を通じた専修学校の質保証・向上の推進、「職業実践専門課程版ポートレートの構築（ポートレート事業）」を受託している。

⑿　川口昭彦（一般社団法人専門職高等教育質保証機構編）『高等職業教育質保証の理論と実践』専門学校質保証シリーズ、ぎょうせい、平成27年、pp. 46-49

⒀　文部科学省告示第133号「専修学校の専門課程における職業実践専門課程の認定に関する規程」第 2 条第 5 項

⒁　文部科学省告示第133号「専修学校の専門課程における職業実践専門課程の認定に関する規程」第 2 条第 6 項

⒂　QAPHEは、令和元年度文部科学省、職業実践専門課程等を通じた専修学校の質保証・向上の推進、「職業実践専門課程の質保証・向上につながる専修学校教職員資質能力向上プログラム開発」を受託している。その詳細は、QAPHEの文部科学省委託事業のホームページに掲載してある。
https://qaphe.com/mext/

⒃　FD・SDプログラムは、QAPHEのホームページの次のアドレスからアクセスできる。受講にはアカウントが必要である。　https://fdsd.qaphe.com

⒄　受講実績等の情報は、令和元年度文部科学省委託事業の事業成果報告書に掲載されてある。　https://qaphe.com/wp-content/uploads/fdsd2019result.pdf

⒅　QAPHEは、令和 2 年度文部科学省、職業実践専門課程等を通じた専修学校の質保証・向上の推進、「体系的な教職員研修プログラムの実用化に向けた改善・普及・展開」を受託しており、FD・SDプログラムの履修証明プログラム化はこの事業の中で進めている。

⒆　学習時間数は、令和 2 年度文部科学省委託事業の中で検討中である。

⒇　履修証明制度は、学校教育法の第105条「大学は、文部科学大臣の定めるところにより、当該大学の学生以外の者を対象とした特別の課程を編成し、これを修了した者に対し、修了の事実を証する証明書を交付することができる。」に規定された制度である。

第3章

リカレント教育の質保証

　高等教育は個人や社会にとって戦略的投資の対象となっています。学生は、高度なコンピテンシー（知識、技能、責任感と自律性）を身につけ、多種多様な職につけるよう、幅広い学修・教育を期待しています。また、教育機関が位置する地域の経済、社会、文化の発展に寄与することも期待されています。このような状況の下で、「消費者保護」という概念が、高等教育分野にも導入されることは避けがたいことです。

　高等教育の分野でも、グローバル化が進展し国境がなくなり、オンライン学習の普及によって、教育を受けるために人間が国境を越える必要がなくなってきています（第1章第2節、pp. 117-118）。このような教育財の国際的拡大に伴って、各教育機関やプログラムの学修・教育に関する質保証情報が求められるようになっています。

　高等教育の世界的潮流に共通するキーワードは、職業教育の改革・充実および第三者による質保証です。21世紀の高等教育を考える際には、高度な職業教育訓練（Vocational Education and Training, VET）の重要性が欧米諸国をはじめ各国で認識されています。さらに、高等職業教育改革の中で、第三者による「質保証」が不可欠な事業です。すでに前書[1]で、その理念、具体的な方法や作業内容について、詳しく解説しました。この章では、リカレント教育の質保証を中心に、その概略を説明します。

第1節　質保証とは

　一般的に、質保証とは、ステークホルダー（利害関係者）に対して約束通りの財やサービスが提供されていることを証明・説明する行為をさします。

高等教育の質保証については、コラム3-6に示す内容です。

> ### コラム 3-6
>
> **高等教育の質保証**とは、
> ステークホルダー（利害関係者）に対して、**学校がめざす目標**のもと、
> 教育が**適切な環境**のもとで、**一定の水準とプロセス**で行われ、**成果をあ
> げている**ことを証明・説明する行為をさす。

　学生が修得したコンピテンシーが学修成果であり、その証明として授与さ
れるのが、称号（高度専門士、専門士）、学位や職業資格等です（図3-8）。
したがって、質保証の対象は、授与される称号、学位あるいは職業資格であ
り、その前提である学修成果の「質保証」が最重要テーマです。

図3-8　保証すべきは称号・学位・職業資格の質

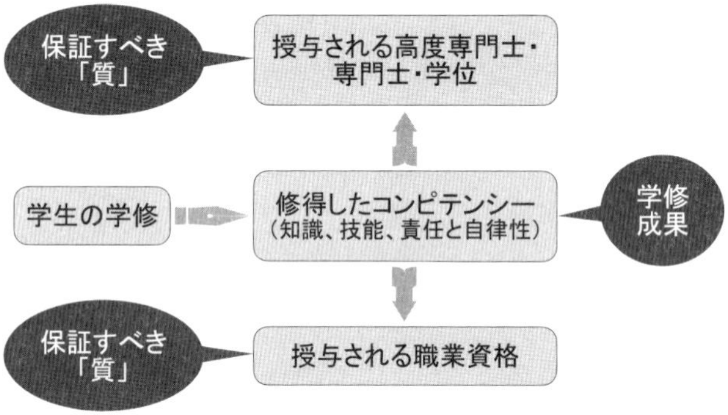

　日本の高等教育改革の必要性が、大学設置基準の大綱化（1991年）以降、
強調され、議論が重ねられてきました[2]が、いまだ「道半ば」という状況で
しょう。大学（大学院を含む）、短期大学、高等専門学校に認証評価制度が
導入されました（2004年）。この制度は、それまで大学の設置時点における
外形的基準に基づいた「事前規制」、第二次世界大戦後から半世紀以上にわ
たって行われてきた大学設置認可制度による大学の質保証の考え方から、認
証評価制度に基づいた「事後チェック」による大学の質保証への転換です。

認証評価で重要視されているのが、大学自身による内部質保証（自己点検評価）です。専修学校は、大学（文部科学省による認可）とは異なって、各都道府県によって設置認可されますが、分野によっては職業資格等との関係で、関係法令の外形的基準による規制を受けています。しかしながら、専修学校には認証評価に対応する制度はなく、国際的観点から、大きな課題となっています。

　認証評価制度が導入されて以来、大学はさまざまな対応をしてきました。第1期（2004年〜2010年）には、自己点検評価項目に対応するチェックリスト方式の法令遵守体制を構築しました。第2期（2011年〜2017年）には、法令遵守に加えて各大学の個性を明確にするために、情報公開と資料・データ（エビデンス）に基づく評価活動の義務化が求められましたが、第1期と同じような状況でした[3]。このような場当たり的な評価対応が、認証評価の本来の目的から教育現場を遠ざけてしまい、認証評価制度を形骸化させたことが懸念されます。また、評価活動自体が自己目的化してしまった傾向も垣間見えます。このような事実は、表3-8に示した中央教育審議会のコメントに指摘されています。要するに、目的と手段が混同された大学の内輪向けの「改善」が、社会から理解されるはずがないわけです。これは、大学教育の質保証に対する批判ですが、これから教育の質保証に取り組む専修学校も「他山の石」とすべきです。

表3-8　中央教育審議会が指摘した「大学教育の質保証の課題」

大学教育の質の保証については、これまでも累次の中央教育審議会等の答申で提言が行われ、文部科学省の事業を活用するなどして多くの積極的な改善の努力が進められているが、一方、改善に真剣に取り組む大学と改善の努力が不十分な大学とに二極化しているのではないかという指摘もあり、大学全体として十分な信頼が得られているとは言い難い。こうした状況について、社会からの説明を求める声が厳しくなってくるのは当然である。

中央教育審議会『2040年に向けた高等教育のグランドデザイン（答申）』平成30年11月26日　pp. 27-28

1．学修者本位の教育—学生の学びを測る

　従来からの高等教育では、プログラム全体としてのカリキュラムの構成
や、学修者の知的習熟過程等を考慮・把握することなく、単に個々の教員が
教えたい内容が授業として提供し、教育プログラム内の位置づけや水準など
を含めて体系的なカリキュラムが意識されていないという課題がありまし
た。最近の高等教育における大きな潮流は、「学修者本位の教育」であり、
「個々人の可能性を最大限に伸長する教育」への転換が声高に叫ばれていま
す。学修者本位の教育を実施し、その質保証をするためには、「学生の学び
を測る」作業が不可欠です。この作業の対象によって、学生個人（学修成果）
と学校全体（教育成果）に分けてあります（コラム3-7）。もちろん、両者に
は共通する部分も多々あることは言うまでもありません。

コラム 3-7

「学修者本位の教育」とは、学生が、
①自らの**将来ビジョンをもち、**
②学修成果として身につけた**資質・能力を自覚**し、
③それを**活用**できる。
④学修成果を自ら**説明**し、社会の**理解を得る**ことができる。

　学修成果の主体は学生個人です。学生達が各授業で学習した成果は、成績
（＝学習成果）として評価されます。それらの授業群の体系的積み上げが、
一つの教育プログラムを形成しています。このプログラムを修了することに
よって得られる成果が学修成果です。学校における授業で得られるものだけ
ではありません。正課以外の関連活動、さらに学校とは直接関係のないさま
ざまな学習活動や経験も、学生個人の成長を促す要因となります（図3-9）。
学修者本位の教育の観点から、一人ひとりの学生が自らの学びの成果（学修
成果）として身につけたコンピテンシーを自覚し、活用できることが重要で
す。学生が、その学修成果を自ら説明し、社会の理解を得ることも肝要です

（コラム3-7）。残念ながら、わが国の現状（とくに多くの大学）では、学生は「卒業時の学修成果」には目を向けていません。学生の三大関心事は、「入試、卒業、就活」です。すなわち、入学先＝大学名（入試難易度）、卒業必要単位数、就職先＝企業名（就職難易度）で「学修成果」を判断する場合がほとんどです。

図3-9　学生の学修成果

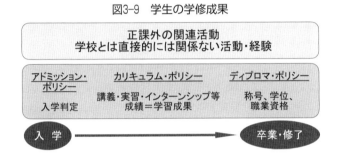

学校が主体となる教育成果[4]は、学生を個人ではなく集団として評価対象として、社会の学校に対する評価に資することを目的とします（コラム3-8）。

コラム 3-8

教育機関には、**学生の学び（学修成果と教育成果）**の質保証が求められる。
学修成果：一人ひとりの学生が**身につけた資質・能力を説明・活用できる。**
教育成果：教育プログラムが**目標とする資質・能力を備えた学生を育成できる。**

したがって、学生個人個人の学修成果を集積するだけではなく、卒業生・修了生の活躍状況（成果）、目標に掲げたコンピテンシーを備えた学生を育成できていること、学校の立ち位置に関する情報等を発信する必要があります（図3-10）。学校の教育成果を測定する指標としては、学校の歴史・哲学・価値観等に基づいて、各学校が独自に定める測定指標（学校独自指標）やプログラムごとに定める測定指標、および学校間の相対評価を可能とする標

準・共通的指標(ベンチマーク指標)が必要です。これまで教育の世界では、学校（プログラム）独自指標に関する情報を優先し、ベンチマーク指標に関する情報に関してはマスコミ等に頼る傾向がありましたが、学校が社会から信頼を得るためには、基本的な指標は比較・公開が原則です。

図3-10　学校の教育成果

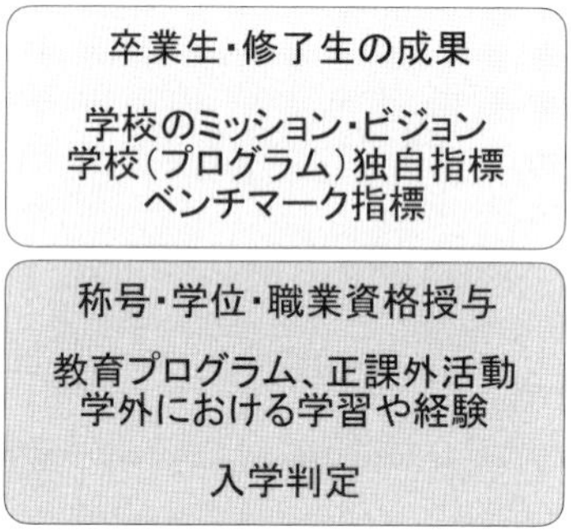

卒業生・修了生の成果

学校のミッション・ビジョン
学校（プログラム）独自指標
ベンチマーク指標

称号・学位・職業資格授与

教育プログラム、正課外活動
学外における学習や経験

入学判定

　高等教育の無償化をはじめ政策的な流れの中で、高等教育における学修成果・教育成果が問われています。学校（プログラム）独自指標とベンチマーク指標を駆使して、各学校の教育成果を自ら説明する「説明力」が、社会の信頼を獲得し、価値を取り戻すために不可欠です。このために、学修成果・教育成果の可視化が最大のテーマです。

２．学修成果と教育成果の可視化

　学修成果や教育成果の質保証のための最初の作業は、学生の学修成果や学校全体（あるいは教育プログラムごと）の教育成果に関する情報を正確に把握し、それらを可視化することです。教育プログラムに定められている学修目標の達成状況に関して可視化された情報に基づいて、学生は自分自身が身につけたコンピテンシーを、複数の情報を組み合わせて多元的に理解し、説明できることが重要です。また、学校は、把握・可視化された学修成果・教育成果を、内部質保証（点検・評価）に適切に活用して、学校全体や教育プ

ログラム等が取り組むべき学修目標の達成に向けた既存の教育課程や個々の授業科目・教育手法の見直しをはじめ、ディプロマ・ポリシー自体の見直し等の改善にもつなげていくことが求められます。

　学修成果・教育成果の把握・可視化については、世界的にも共通化・標準化された方法や内容が存在しているわけではありません。分野によって方法・内容が異なること、従前からの取組の状況や蓄積等による差も大きいことを留意する必要があります。さらに、学修成果・教育成果の把握・可視化については、①全ての学修成果・教育成果を網羅的に把握することは不可能、②把握した全ての学修成果・教育成果を必ずしも可視化できるものでもない、という二点を念頭に置き、この作業の目的（コラム3-9）を常に意識することが重要です。学校が可能な取組から始めて、着実に充実を図っていく姿勢が肝要です。「測定のための測定」に陥ることだけは避けなければなりません。

コラム 3-9

学修成果・教育成果の把握・可視化の目的
①**一人ひとりの学生**のため。
②**学校の教育改善**のため。

　学修成果・教育成果の把握・可視化の仕組みを構築し、その結果に対し学内外の理解を得ることは、相応の時間が必要かつ困難な取組です。したがって、各学校においては、自らの強み・特色等を踏まえて設定した学校（プログラム）全体の教育理念に則して、自主的な策定・開発を計画的に進めていくことが強く期待されます。

　「学修者本位の教育」のポイントは、一人ひとりの学生が身につけたコンピテンシーを自覚し、活用できるようになることです。このためには、単に授業科目ごとの成績評価を学生に示すだけでは不十分です。個々の授業科目の成果や学校内外におけるさまざまな学生の活動が、ディプロマ・ポリシーに定められたコンピテンシーを身につけることにどのように寄与しているか

を明らかにすることが、学修成果・教育成果の把握・可視化には非常に重要です。さまざまな情報を組み合わせて、ディプロマ・ポリシーに定められた学修目標の達成状況を明らかにすることが望まれます。そして、学校は、分かりやすい形でまとめなおした情報を、学生の在学中および卒業時に提供することが重要です。その際、ディプロマ・ポリシーに定められたコンピテンシーの修得状況や今後の履修の方向性等について、学生が理解しやすい用語（教職員間のいわゆるジャーゴンではなく）を使用して意見交換するなど、学生に対するフィードバックを適切に行うことが求められます。学生は、それらの結果を参考にして自らの学修を振り返り、高度化を図るとともに、自らの学修成果を社会に対して示し、社会とコミュニケーション等によって、その活用を図ることが期待されます。上記のような考え方を踏まえて、ディプロマ・ポリシーに定められた学修目標の達成状況を明らかにするための学

表3-9　学修成果・教育成果を説明するために必要な資料・データ例

・各授業科目における到達目標の達成状況
・称号、学位や職業資格の取得状況
・学生の成長実感・満足度
・進路の決定状況等の卒業後の状況（進学率や就職率等）
・修業年限期間内に卒業する学生の割合、留年率、中途退学率
・学修時間
・ディプロマ・ポリシーに定められた特定のコンピテンシー（知識、技能、責任と自律性）の修得状況を直接的に評価することができる授業科目における到達目標の達成状況

・卒業論文・卒業研究の水準
・アセスメントテストの結果
・語学力検定等の学外試験のスコア
・資格取得や受賞、表彰歴等の状況
・卒業生に対する評価
・卒業生からの評価

修成果・教育成果に関する情報を表3-9に例示します。この例示には、現行の法令に基づいて把握が求められている情報の他に、教育改善に資するために把握することが想定される情報も含まれています。

　例示された資料・データを収集して公表するだけでは意味がありません。たとえば、「学生の成長実感・満足度」について、学生アンケート結果を示すだけではなく、その結果を分析して、学校として、どのように考えているか？あるいは改善すべき点は何か？などについての考察が不可欠です。

3．能動的学修の推進：アクティブ・ラーニングとポートフォリオ

　従来からの高等教育は、知識・スキルの実装が中心に実施されていました。しかしながら、学修者本位の教育では、「個々人の可能性を最大限に伸長する」ことに重点が置かれています。そして、学生には、自らの学修成果として身につけたコンピテンシーを自覚し、それを自分の言葉で説明し、社会に理解を得て、活用できることが期待されています（コラム3-10）。

コラム 3-10

私たち人類が抱える課題や目標に対して、ともに**協力し合い、理解し合って、問題解決へ取り組んでいける人材が求められている**。すなわち、世界は、「**思考力**」「**革新力**」「**問題解決力**」「**文章力**」「**率先力**」などを備えた人材を期待している。

　この社会の期待に応えるために、第二部第3章（表2-11、p.89）で言及しましたように、ネゴシエーション能力、専門職的能力および社会的（人間的）能力などのコンピテンシーが重要です。このコンピテンシーを身につけ、それを学生が自覚するためには、アクティブ・ラーニングとポートフォリオが非常に有効です。

　旧来型のスタイルではなく、学生が能動的に学ぶ授業スタイルの総称をアクティブ・ラーニングとよんでいます[5]。このアクティブ・ラーニングは、ある特定の方法があるわけではなく、多様な教授・学習法の総称です（コラ

ム3-11）。どのような方法を用いるかは、学生の特性や学習内容によって変わってきます。いくつかアクティブ・ラーニングの方法を具体的に紹介し、学生の学びを重視する授業を提供する際の教員の役割について言及します。

コラム 3-11

アクティブ・ラーニングとは、

教員による一方向的な講義形式の教育とは異なって、学修者の**能動的参加**を取り入れた教授・学習法の総称である。学修者は、能動的な学修によって、**コンピテンシー**（倫理的・社会的能力、教養、知識、経験を含めた汎用的能力）の育成を図る。教室内での**グループ・ディスカッション、ディベート、グループ・ワーク**等も有効なアクティブ・ラーニングの方法である。

　問題解決学習（Problem Based Learning, PBL）は、アクティブ・ラーニング型の手法として注目を集めている方法の一つです[6]（表3-10）。PBLは、主として医歯薬の分野をはじめとする実習や演習が重視される分野において有効な教育手法として知られており、他の領域でも用いられるようになってきています。PBLの目標は、知識を柔軟に用い、効果的に問題解決能力を発揮し、自律的な学習志向性や効果的なコラボレーション能力を身につけることにあります[5]。

表3-10　Problem Based Learning（PBL）の特色

① 　**学生を中心**とする学びである。
② 　学習は、6人〜10人の**少人数グループ**によって行われる。
③ 　教員は、「教える」というよりもファシリテーターもしくはチューターによる学生の「**学びのガイド**」である。
④ 　提示される問題は、学生グループがある焦点に自然に集中するための基礎を形成し、**学びを刺激**するものである。
⑤ 　提示される問題は、**問題解決能力の開発**をすすめるものである。また、**認知的なプロセスを刺激**するものである。
⑥ 　新しい知識は、**個人の主体的学び**をとおして獲得される。

アクティブ・ラーニングに分類される授業方法の多くは、PBLのように、演習型授業においてグループで課題を発見あるいは解決するなどの「学び方を学ぶ／獲得された知識を実際に使う」ことに主眼があります。これに対して、ピア・インストラクション（Peer Instruction, PI）は、ハーバード大学の物理学教室で誕生した経緯に象徴されるように、自然科学などの基本的な知識を扱う講義型の授業で行われているのが特徴です[5,7]。PIのプロセス（表3-11）の中で、③ではクリッカー等を使い学生の回答分布を全体にフィードバックすることが一般的ですが、このクリッカー使用は本質的な部分ではなく、機器がなければ、挙手などでも可能です。PIの重要なポイントは、問題に関する学生間のディスカッションによる理解の共有プロセスです。すなわち、学生相互の学びあいという授業スタイルです。

知識伝達を中心とした講義や暗記型の学習は、教員にとっても、学生[8]にとっても、比較的に楽であると言えます。教員は、授業の内容を予め準備して講義に臨めますし、学生からの質問も講義に関連した内容のはずです。一方、学生は、授業をまじめに聴き、その内容を正確に記憶して、期末試験などに臨めばいいわけです。しかしながら、試験が終わればすぐ忘れてしまうように、一方的な講義を聴いただけでは記憶として残る内容は、僅かである

表3-11　Peer Instruction（PI）のプロセス

① 概念理解のポイントを問うような**多肢選択の問題**を提示する。
② 学生はその問題について**自分で考え、解答**を選択する。
③ 教員は、その学生が選んだ選択肢の分布をみて次の対応をする。「**自分の答えが正しいことを周囲に納得させてみましょう**」と言う指示が一般的である。
④ **学生や周囲の2～3名と解答をつきあわせ、ディスカッションの後、**再び学生は選択肢を選ぶ。ここで、多くの学生が正答を選ぶことが期待される。
⑤ 教員は**正答を確認し、解説等を補足**する。

ことは経験的に明らかです（もちろん、主体的に高い意欲をもって勉学をする学生の存在を否定するつもりはありません）。

　アクティブ・ラーニング、グループワーク、プレゼンテーションなどでは、教員と学生が同じ立場で議論をしますから、教員には授業全体を運営する能力が問われます。学生には授業のテーマに関する事前準備が求められることはもちろん、授業の場でのコミュニケーション力、他者の立場や考えの理解力、授業の中で自分の主張を的確に表現できる瞬発力などが問われることになります。

　アクティブ・ラーニングのような授業方法においては、教員の役割も当然変化します。教員は「知識を伝授する」だけではなく、学びの場をガイドする「学びを促進するためのファシリテーター」としての役割が重要になります（コラム3-12）。学修者が学べる環境を整え、的確な問いや課題を用意するなど、周到な授業デザインが求められます。そして、学ぶ場を整えてグループワークの自由度を許容しながら一定の成果に向って、ガイドする能力が必要となります。

コラム 3-12

学修者中心の授業における教員の役割
①的確な問いかけや課題を用意するなどの**周到な授業デザイン**
②一定の成果に向かうための**ガイドあるいはファシリテーター**

　教員のペースで知識提供を行っていた旧来の授業スタイルは自身の設計したとおりに授業を進行できるため、ある意味、コントロールが容易であったわけですが、双方向の授業をはじめとする学修者主体の学びのためには、学生を主体に据えながら授業進行の主導権は握る、という授業が必要となり、この実現には、教員に非常に高度なファシリテーション能力が求められます。実際には、こうした授業を実現できる能力を充分に身につけている教員の数はまだまだ多いわけではなく、この種のスキルを学ぶことを目的とした研修体制の整備も途上にあります。

　大学では、学生によるポートフォリオ[9]の作成を必須とするプログラムが増えています[10,11]。ポートフォリオとは、プログラムを通じて学生が学んだ内容をまとめて記録したもので、当該学生の学修について包括的かつ詳細な情報が得られます（表3-12）。ポートフォリオには、学生の内省（ふり返り）の作業が含まれており、学生が学んだことを統合するスキルとメタ認知のスキル（これまでに何をどのように学んだかを内省することにより学び方を学習する能力）の醸成に有効です（表3-13）。学生は、自分の成果物を全体的

表3-12　典型的なポートフォリオの内容

リスト：資料のチェックリスト
学生の成果物：ポートフォリオの目標によって下記のものを含めることができる。 ・レポートその他の課題（宿題） ・ピアによる判定・評価 ・態度および関心に関する調査・測定 ・テストの内容と点数記録 ・学修と能力開発に関する学生の目標を記録した記述 ・観察、会議およびインタビューをもとにした教職員および指導教員のメモ ・インターンシップの指導教員による評価
学修プロセス、成長および改善を根拠づける資料 ・受講科目・プログラムの初期の成果物 ・レポート等の原案（ドラフト） ・各種作業の記録
内省ページ：完成したポートフォリオの全体的内容について、学生が内省する。
ポートフォリオに対する教員の評価
紹介文：授業科目またはプログラムを受講した理由、学修目標、受講前の経歴、長所と短所、キャリアまたは人生の目標等を記載する。
ポートフォリオに含まれる各資料についての内省
ポートフォリオに含まれる各資料に対する教員のコメントまたは評価

《注》　[10] p. 201を参考に筆者が作成

表3-13　ポートフォリオの特徴と期待される効果

学生が学習したことを根拠づけ、説得力のある資料である。
・多様な知識とスキルの根拠を一カ所に整理する。
・学修全体がどのように積みあげられたかを確認しながら、学修を検証する。
・授業科目またはプログラムの成果だけではなく、学生がどのように成長したかも併せて示す。テストの点数、ルーブリック、評定だけよりも内容の豊富な記録である。

学生にとっても教員にとっても価値がある。
・学生が目標の達成を記録する方法を考え、自らの学修に積極的に関与する。
・学生の内省を促すことにより、統合とメタ認知のスキル向上が期待できる。
・学修活動において、均一性よりも多様性が広がる。
・学生と教員との間の対話を促す。
・学生が何を学んだかだけではなく、どのように学んだかについても情報が提供されることにより、教員の教授法の改善・向上に資する。

《注》　⑽ p. 200を参考に筆者が作成

に内省する記述とともに、各資料についても簡単な内省文を書きます。教員は、複数の授業科目にわたってプログラム全体について、さらにプログラム以外の学習機会の中で、学生の学習を記録し、評価するためにポートフォリオを利用することができます。

　ポートフォリオには、教育上の明確な目的があり、学生の学修（とくにコンピテンシーの醸成）に有効です。これは、学生が学んだことを評価（アセスメント）し、学習の改善方法を明らかにすることができます。ポートフォリオの実施を成功させるためには、教員の指導と学生との議論が重要で、事前の熟考、時間そして労力が必要です。学生にとって、まとめるために相当の時間がかかります。教員も指導と評価に相当な時間を取られます。ポートフォリオは、原理的にはどのような学修にも使用可能ですが、大人数の授業やプログラムでは困難が伴いますので、少人数の学生を対象とし、とくに学生が自分で設計した専攻科目を取り扱うプログラムの評価を行う手段として

優れています。したがって、最初から表3-12に示したものをめざすのは禁物です。小さいポートフォリオ（資料の長さや数を制限する等）から始めて、内容を徐々に増やしていく方法が肝要でしょう。

　資料の管理が、もう一つの課題です。電子的（e）ポートフォリオまたはデジタル・ポートフォリオは、学生の成果物をウェブサイトや共有サーバに保存します。eポートフォリオは、紙形式のポートフォリオより、はるかに資料の保管とアクセスが容易です。さらに、ビデオ、スライド、ウェブサイトなどのマルチメディア情報を簡単に取り込み保存することができます。

　以上、ポートフォリオの概略を説明しました。ポートフォリオは、学修者本位の教育に非常に有効であることは明白ですが、非常に長い時間を要する作業であり、慎重な計画と斬新的実施が求められます。かつての教育パラダイムの時代にはなかった手法ですから、学生と教員双方の意識改革も必要です。詳細については、他書[10]をご参照ください。

第2節　リカレント教育の内部質保証と変革

　働く人が主体的に学び、キャリア形成を図る活動を支援する教育訓練給付制度（表1-11、p. 42）が発足（1998年）して20年以上経過しました。制度導入当時と比較して、IT化、グローバル化、イノベーションが急速に進み、社会環境は激変しています。少子高齢化にともなって「人生100年時代」と言われる一方で、産業構造が大きく変化して、企業の寿命は短くなっています[12]。すなわち、企業の寿命より人間の働く（働かなければならない）期間の方が長くなっているわけです。「一社で勤めあげる」という言葉も、今や若者には、過去のものとなりつつあります（コラム3-13）。人生100年時代においては、旧来の人生三ステージ（学ぶ→働く→引退後）から、マルチ・ステージ人生（学びと働くを相互に行き来する）に変化しています（図1-6、p. 22）。

コラム 3-13

会社に頼るのではなく、**個々人が自律的にキャリアをデザインする時代**が到来している。

　日本では、高等教育機関への社会人入学が低調であるとの調査結果が公表されています（図2-5、p. 61）。日本の社会人の学習意欲は低いのでしょうか？　答えは「否」です。第一部第3章第1節（pp. 31-34）で分析しましたように、主体的に学んでいる人の割合は約半数に達しています。しかしながら、学ぶ場として、民間の教育訓練機関（教育訓練プロバイダー）が8割を超える一方で、大学、大学院、専門学校などの高等教育機関は1割にも達していないのです（図1-8、p. 34）。要するに、学ぶ意欲はあり、学んではいるが、高等教育機関が「学びの場」にはなっていないのが現状です。高等教育機関は、「18歳人口減少の補填としてリカレント教育」という発想から脱却して、ニーズに対応したプログラムを構築する責任があります。

　今世紀の高等教育における最重要キーワードは「質保証」です。質保証とは、教育プログラム、教学マネジメント、教育機関それぞれの質を評価する（分析し、監視し、保証し、維持し、改善する）継続的なプロセスをさす包括的な言葉です[13]。上述のように、学校の諸活動の中で、社会に対する説明責任の視点から、学修・教育成果の質保証が最も重要です。

　質保証は、内部質保証と第三者質保証に区分されます。学校は自主的・自律的な組織ですから、第一義的には、自らの教育活動の質保証（内部質保証）を行うことが学校の責務となります。第三者質保証は、内部質保証が適切に実施され、その結果に基づいて絶えず質の改善・向上が図られていることを検証する役割をもっています（図3-11）。

図3-11 質の向上サイクル

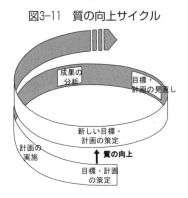

成果の分析

目標・計画の見直し

新しい目標・計画の策定

計画の実施

質の向上

目標・計画の策定

リカレント教育を含めて職業教育の質保証に関する、基本的な枠組、質保証に取り組むための考え方・手法などについては、このシリーズの第一巻[1]で詳細に解説しました。ここでは、リカレント教育の実施にあたり留意すべき点とその質保証について説明します。

リカレント教育受講希望者は、教育課程を終了した後、企業等での職業経験をもっていますから、一人ひとりが異なった職業経験に基づいて、自らのキャリア・デザインを明確に描いています。したがって、個々人のニーズを正確に把握して、それぞれに最適なカリキュラム・デザインを提案することが最初の仕事です。この際、同じ職種の中でさらなる飛躍をめざす「キャリア・アップ型」と、これまでのキャリアとは異なる領域に挑戦しようとする「キャリア・チェンジ型」とでは、求める学修成果やカリキュラムも異なります。したがって、各個人が求める学修成果は異なってきますから、当然、履修科目や在学期間について、一人ひとりに対するきめ細かな学修指導が不可欠となります。入学者選抜についても、「学力」は当然ですが、それ以上に職業経験を含めた「職業適性」を見極めることが必要です。

教育プログラムを作成する際に、社会人学生のニーズを把握する必要があります（図3-12）。学生が修得したいと希望しているのは、「専門的知識」がトップとはなっていますが、それ以外（基礎学力を除いて）は「コンピテン

シー」に関する内容です。学生は、自分の将来を考えて、汎用的能力を身につけることを期待していることが推察されます。この点について、教育機関と学生との間に多少の乖離が垣間見えます（図1-9、p. 38）。専門的知識・スキルの修得は、今や、ネットワークの活用等で可能となっています。したがって、教育機関では、コンピテンシーの育成に注力すべきで、このためには、前節で解説したアクティブ・ラーニングやポートフォリオが非常に有効です。この重要性を社会に積極的にアピールすることが肝要です。

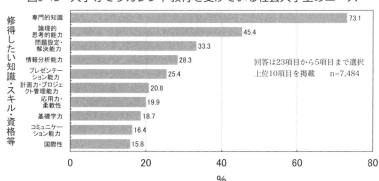

図3-12　大学等でリカレント教育を受けている社会人学生のニーズ

文部科学省　「社会人の大学等における学び直しの実態把握に関する調査研究」報告書　p. 50

　質保証については、個人個人の学生の学修成果は当然ですが、一人ひとりの学生に対する学修指導、アクティブ・ラーニングやポートフォリオの実施状況等を検証し、各学生の満足度調査も必要です（表3-14）。各学生の状況を把握した上で、学校あるいはプログラム全体としての状況を分析して、その結果を改善・向上に資することが求められます。

表3-14　リカレント教育の質保証に必要な要素

- ・入学希望者の学修歴・職業経験の確認
- ・入学希望書のキャリア・デザインと職業適性の確認
- ・学生が能動的に学ぶシステムの確立
- ・学生が自らの学修を内省するプロセスの確立
- ・学修指導、カリキュラム・デザインの学生の満足度調査
- ・学校あるいはプログラム全体としての状況分析と改善・向上の取組

第3節　「黒船」コロナが迫る変革

　世界中が、現在、新型コロナウイルスへの対応に追われています。日本では、人工知能（AI）などのデジタル技術の活用に課題があることが指摘され、菅義偉首相は就任にあたり、デジタル庁創設を提案しました。高等教育界においても、オンライン授業・会議などが実施されましたが、学生・教職員共に戸惑っているのが現状でしょう。デジタル化、オンライン化については、以前から議論が進められていましたが、わが国では導入が遅れていました。「ネットは大したことはない」という考えから軽視する傾向が続いたため、国全体で、ITの可能性を見誤っていたのかもしれません。普段からIT（デジタル、オンライン、AI等）を活用することが必要だったのです。普段から使っているスキルが、有事の際に応用可能となるわけです。

　今まで議論してきましたように、オンライン授業の実施が、「学修者本位の教育」に有用であることは疑問の余地はありません。もちろん、教育機関だけで解決できる問題でもありません。大学設置基準、専修学校設置基準、各分野の関係法令等では、オンライン授業ではなく対面式授業が前提となっています。また、諸資格の認定についても授業時間や授業内容に基づいています。これらの規制が、リカレント教育にも影響を与えていることも事実です。さりとて、今すぐ種々の規制を緩和してしまえば解決する問題でもあり

ません。

　重要なポイントは、教育機関が一人ひとりの学生の「学修成果」を明示し、さらに機関総体として学修者本位の教育が実施されていることについて社会の納得を得ることです。このために、当然、第三者による質保証も必要なプロセスです。

　日本は、新卒一括採用・年功序列・終身雇用の伝統があり、危機意識が危機回避へ直結する傾向があります(14)。しかし、「黒船」コロナは、変わらないと日本の国際的な存在感が、どんどん下がっていく（あるいは滅んでしまう）ことを示唆しています。今や、この「黒船」を好機として捉え（コラム3-14）、改革に取り組み、「危機を通じて強くなる」ことを期待します。

コラム 3-14

　「黒船」コロナは、**高等教育に変革**を迫っている。「**危機を通じて強くなる**」ことが重要である。今や「**何を変えていかなければならないか？**」を考える必要がある。

《注》
(1)　川口昭彦（一般社団法人専門職高等教育質保証機構編）『高等職業教育質保証の理論と実践』専門学校質保証シリーズ、ぎょうせい、平成27年
(2)　川口昭彦（独立行政法人大学評価・学位授与機構編集）『大学評価文化の定着—大学が知の創造・継承基地となるために』大学評価・学位授与機構大学評価シリーズ、ぎょうせい、2009年、pp. 68-84
(3)　独立行政法人大学改革支援・学位授与機構編著『内部質保証と外部質保証—社会に開かれた大学教育をめざして』大学改革支援・学位授与機構高等教育質保証シリーズ、ぎょうせい、2020年、pp. 95-117
(4)　学生個人が主体となる「学修成果」と区別するために、教育機関が主体となる活動を「教育成果」とよぶ。
(5)　独立行政法人大学評価・学位授与機構編著『大学評価文化の定着—日本の大学は世界で通用するか？』大学評価・学位授与機構大学評価シリーズ、ぎょ

うせい、2014年、pp. 30-35

⑹　PBLは、Project Based Learning（課題解決型学習）の略で用いられることも
　ある。

⑺　Eric Mazur（1996）Peer Instruction: A user's manual, Addison-Wesley

⑻　ベネッセ教育総合研究所調査によると、「自分で発表する演習より教員の話を
　聴く授業がよい」と答えた学生は、5,000人のうち8割を超えている。「大学
　生の学習・生活」ベネッセ教育総合研究所高等教育研究室：調査・研究デー
　タの紹介　ベネッセ教育総合研究所ウェブサイト
　http://berd.benesse.jp/berd/center/open/report/dai_databook/2012/pdf/
　data_05.pdf

⑼　教員が作成するティーチング・ポートフォリオ（ピーター・セルディン著
　栗田佳代子訳『大学教育を変える　教育業績記録』玉川大学出版部　2007年）
　やアカデミック・ポートフォリオ（ピーター・セルディン、J.エリザベス・
　ミラー著　栗田佳代子訳『アカデミック・ポートフォリオ』玉川大学出版部
　2009年）と区別するために、「ラーニング・ポートフォリオ」とよぶこともある。

⑽　リンダ・サスキー著　齋藤聖子訳『学生の学びを測る　アセスメント・ガイ
　ドブック』高等教育シリーズ170　玉川大学出版部　2015年、pp. 197-207

⑾　江原昭博（2018）なぜ、今学修成果が、求められるのか？　リクルート　カ
　レッジマネジメント　209　pp. 5-11

⑿　日本経済新聞（2018）『会社の寿命』（2018/11/22付　夕刊）
　https://www.nikkei.com/article/DGKKZO38066070S8A121C1ENI000/

⒀　川口昭彦（一般社団法人専門職高等教育質保証機構編）『高等職業教育質保証
　の理論と実践』専門学校質保証シリーズ、ぎょうせい、平成27年、pp. 96-105

⒁　独立行政法人大学改革支援・学位授与機構編著『大学が「知」のリーダーた
　るための成果重視マネジメント』大学改革支援・学位授与機構大学マネジメ
　ントシリーズ、ぎょうせい、2020年、p. 65

参考文献・資料

■ 基本的な資料

・川口昭彦（一般社団法人専門職高等教育質保証機構編）『高等職業教育質保証の理論と実践』専門学校質保証シリーズ、ぎょうせい、平成27年

・川口昭彦（独立行政法人大学評価・学位授与機構編集）『大学評価文化の展開—わかりやすい大学評価の技法』大学評価・学位授与機構大学評価シリーズ、ぎょうせい、2006年

・独立行政法人大学評価・学位授与機構編著『大学評価文化の展開—高等教育の評価と質保証』大学評価・学位授与機構大学評価シリーズ、ぎょうせい、2007年

・独立行政法人大学評価・学位授与機構編著『大学評価文化の展開—評価の戦略的活用をめざして』大学評価・学位授与機構大学評価シリーズ、ぎょうせい、2008年

・川口昭彦（独立行政法人大学評価・学位授与機構編集）『大学評価文化の定着—大学が知の創造・継承基地となるために』大学評価・学位授与機構大学評価シリーズ、ぎょうせい、2009年

・独立行政法人大学評価・学位授与機構編著『大学評価文化の定着—日本の大学教育は国際競争に勝てるか？』大学評価・学位授与機構大学評価シリーズ、ぎょうせい、2010年

・独立行政法人大学評価・学位授与機構編著『大学評価文化の定着—日本の大学は世界で通用するか？』大学評価・学位授与機構大学評価シリーズ、ぎょうせい、2014年

・独立行政法人大学改革支援・学位授与機構編著『グローバル人材教育とその質保証—高等教育機関の課題』大学改革支援・学位授与機構高等教育質保証シリーズ、ぎょうせい、2017年

・独立行政法人大学改革支援・学位授与機構編著『高等教育機関の矜持と質保証─多様性の中での倫理と学術的誠実性』大学改革支援・学位授与機構高等教育質保証シリーズ、ぎょうせい、2019年
・独立行政法人大学改革支援・学位授与機構編著『内部質保証と外部質保証─社会に開かれた大学教育をめざして』大学改革支援・学位授与機構高等教育質保証シリーズ、ぎょうせい、2020年
・独立行政法人大学改革支援・学位授与機構編著『大学が「知」のリーダーたるための成果重視マネジメント』大学改革支援・学位授与機構大学マネジメント改革シリーズ、ぎょうせい、2020年
・高等教育に関する質保証関係用語集　第4版（Glossary of Quality Assurance in JapaneseHigher Education, 4th edition）2016年
　http://www.niad.ac.jp/n_kokusai/publish/no17_glossary_4th_edition.pdf

■　一般社団法人専門職高等教育質保証機構ウェブサイト

URL：https://qaphe.com

■　独立行政法人大学改革支援・学位授与機構ウェブサイト

URL：http://www.niad.ac.jp/

あとがき

　情報通信技術の急速な進化によって、情報、人、組織など、あらゆる「モノ」が、グローバル環境下で、瞬時に結びつき、相互に影響を及ぼし合う世界が到来しています。これによって、産業構造や技術分野などの既存の枠に囚われることなく、今まではなかった付加価値が産み出され、人々の働き方や価値観の多様化が急速に進んでいます。

　日本では、世界のどの国も経験したことのない速度で、少子高齢化が進行しています、さらに、人生100年時代を迎え、長い人生を、いかに有意義に過ごすかを考えなければならない時代に突入しています。少子高齢化の進展や生産年齢人口の減少により、経済規模の縮小、労働力不足、国際競争力低下、医療・介護費増大に伴う社会保障制度など社会的・経済的課題が深刻になっています。このような状況の下で、経済社会水準を維持するためには、限られた労働力でより多くの付加価値を産み出すこと、すなわち生産性の向上が不可欠です。

　世界に目を向けてみると、わが国のように少子高齢化が進む国がある一方で、人口は増加し続け、地球規模では食料や水資源等の不足は一層深刻さを増しており、新型コロナウイルスで記憶に新しい感染症の脅威、格差の拡大やテロの脅威、気候変動等の環境問題など、地球規模の課題が山積しています。これらの諸課題に対し、日本は、先進国の一員として、国際社会の平和と発展に貢献することが求められます。

　このような厳しい環境の下で、高等教育関係者が取り組まなければならないのは、リカレント教育です。今や、知識・スキルを実装する

教育だけではなく、自律的にキャリアを選択し、自ら行動できる能力を身につけることが重要です。個々人の能力を最大限に伸ばすために、時代の変化に応じた学修成果を産み出す役割を担うのがリカレント教育です。人生100年時代には、旧来から人生三ステージから、マルチ・ステージ人生に変化しています。知識・スキルは、社会の急速な進化とともに、陳腐化しますから、絶えず変化に対応できる能力（コンピテンシー）を身につけることが必要です。このためにも、リカレント教育が重要な役割となります。

　しかしながら、高等教育機関におけるリカレント教育は、残念ながら国際的な調査結果から、改善の必要があると言わざるを得ません。社会人が学ぶための、時代の変化に対応できる実践的な教育プログラムの構築、その学修成果を社会に示す質保証システムの確立が求められます。重要な点は、学修者の立場に立った対応ができているかどうかです。社会人が高等教育機関で「学びたい。学んでよかった。」と評価できるような取組・対応が必要です。折しも、「黒船」コロナが変革を迫っています。このために、本書が少しでも示唆を与えることを願っています。

　この専門職教育質保証シリーズを発刊するにあたって、一般社団法人専門職高等教育質保証機構の関係者の方々、文部科学省総合学習政策局をはじめ機構外の多くの方々のご協力をいただきました。心からお礼申し上げます。また、機会あるごとに、貴重なご意見をいただいた、独立行政法人大学改革支援・学位授与機構の関係者の方々にも感謝の意を表したいと思います。最後に、本書を出版するにあたり、株式会社ぎょうせいにお世話になり、心よりお礼申し上げます。

執筆者等一覧

川口　昭彦（代表理事）　まえがき、第一部、第二部第1章・第2章、第三部第1章・第3章、あとがき

江島　夏実（事務局長）　第二部第3章、第三部第2章

【編　者】

一般社団法人専門職高等教育質保証機構

　2011年2月、一般社団法人ビューティビジネス評価機構として設立。2012年7月、ビューティビジネス専門職大学院の認証評価機関として文部科学大臣から認証を受ける。2014年9月、一般社団法人専門職高等教育質保証機構と改称。

【著　者】

川口　昭彦（かわぐち　あきひこ）

　1942年、台湾台北市生まれ。岡山大学理学部卒業、京都大学大学院理学系研究科博士課程所定の単位修得、理学博士（京都大学）。東京大学教養学部教授、評議員、大学院総合文化研究科教授、留学生センター長、総合研究博物館長、大学評価・学位授与機構評価研究部長・教授、独立行政法人大学改革支援・学位授与機構理事、特任教授、顧問を経て現在、参与・名誉教授。一般社団法人専門職高等教育質保証機構代表理事。アメリカ合衆国ハーバード大学に留学（1973-1975年）、日本脂質生化学研究会・千田賞および日本生化学会奨励賞を受賞（1978年）。アジア太平洋質保証ネットワーク（APQN）の副会長（2007-2009年）

〈主な著書・編著書等〉

『生命と時間　生物化学入門』（東京大学出版会）、『東京大学は変わる　教養教育のチャレンジ』（東京大学出版会）、『脂肪酸合成酵素』（日本臨牀、59、増刊号２）、『生体構成物質　大学生のための基礎シリーズ２　生物学入門』（東京化学同人）、『職業教育における“質保証”とは何か』（リクルートカレッジマネジメント）、『高等職業教育質保証の理論と実践』（ぎょうせい）、『大学評価・学位授与機構大学評価シリーズ（全６巻）』（ぎょうせい）、『大学改革支援・学位授与機構高等教育質保証シリーズ（全３巻）』（ぎょうせい）

江島　夏実（えじま　なつみ）

1956年、北海道釧路市生まれ。1987年慶應義塾大学大学院工学研究科博士課程管理工学専攻単位取得退学。工学修士（1981年慶應義塾大学）。1985年、株式会社コンピュータ教育工学研究所を設立、取締役に就任。1988年、同社代表取締役就任。1987年以来、目白学園女子短期大学、慶應義塾大学、成蹊大学、大妻女子大学、ビジネス・ブレークスルー大学、法政大学において、プログラミング、情報リテラシー、会計学等の科目の講師を歴任。この間、2004年度の文部科学省委託事業「専修学校における客観的な評価・認定の在り方に関する調査研究とその普及啓発」に委員として参加したことを機に、高等教育機関の質保証に関する研究を始める。2017年、一般社団法人専門職高等教育質保証機構事務局長に就任。

〈主な著書〉

『企業の決算行動の科学』（共著、中央経済社、1992年）

専門職教育質保証シリーズ

リカレント教育とその質保証

日本の生産性向上に貢献するサービスビジネスとしての質保証

令和3年2月20日　第1刷発行

編　　集　一般社団法人専門職高等教育質保証機構
著　　者　川　口　昭　彦・江　島　夏　実
発　　行　株式会社**ぎょうせい**

〒136-8575　東京都江東区新木場1-18-11
URL：https://gyosei.jp

フリーコール　0120-953-431

ぎょうせい　お問い合わせ　検索 https://gyosei.jp/inquiry/

〈検印省略〉

印刷　ぎょうせいデジタル株式会社　　　　　　Ⓒ2021　Printed in Japan
※乱丁・落丁本はお取り替えいたします。
ISBN978-4-324-80107-9
(5598364-00-000)
〔略号：質保証(リカレント)〕